Topos Taschenbücher
Band 176

Medard Kehl

New Age oder neuer Bund?

Christen im Gespräch
mit Wendezeit, Esoterik und Okkultismus

Topos Taschenbücher

CIP-Titelaufnahme der Deutschen Bibliothek

Kehl, Medard:
New Age oder Neuer Bund?: Christen im Gespräch
mit Wendezeit, Esoterik u. Okkultismus / Medard Kehl. –
1. Aufl. – Mainz: Matthias-Grünewald-Verl., 1988
(Topos Taschenbücher, Band 176)
ISBN 3-7867-1345-6
NE: GT

Umschlagabbildung: Die Hand Gottes, Fresko aus dem Triumphbogen der Kirche San Clemente di Tahull (12. Jahrhundert), Museum katalanischer Kunst, Barcelona
Satz: Roddert Fotosatz, Mainz
Druck und Bindung: Clausen & Bosse, Leck

Für Schwester Birgit Kehl OSU

Inhalt

Einleitung

Die Literatur über das „Neue Zeitalter“ und das „Neue Bewußtsein“, über Selbsterfahrung, Meditation und „transpersonale Psychologie“, über Esoterik und okkulte Phänomene ist in kürzester Zeit bereits ins Unüberschaubare gewachsen. Es dürfte nicht nur eine modische, vom verlegerischen Geschäftssinn kräftig angetriebene Zeitgeistwelle sein, die sich hier in der Buch- und Zeitschriftenproduktion niederschlägt. Hinter all dem werden bei vielen unserer Zeitgenossen auch echte, neuerwachte religiöse, weltanschauliche und existentielle Bedürfnisse stehen, die aus irgendwelchen Gründen von der christlichen Religiosität nicht mehr oder nur unzureichend erfüllt werden. Insofern bedeutet diese neue Bewegung eine ernstzunehmende Anfrage an die Christen.

Als Theologe ist man allerdings leicht geneigt, das Ganze nicht so recht ernst zu nehmen und es spöttisch abzutun. Vieles kommt einem zu abstrus und skurril vor, als daß man sich vorstellen könnte, „normale“ Menschen des 20. Jahrhunderts würden so etwas im Ernst glauben. Auch meint man in den als neu vorgetragenen Theorien doch oft nur „alte Ladenhüter“ aus der Philosophie- und Theologiegeschichte (besonders der Spätantike) wiederzuerkennen, die einen nicht sonderlich beeindrucken können. Schließlich läßt auch die argumentative Begründung manches an methodischer und inhaltlicher Stringenz zu wünschen übrig. Und trotzdem: Wenn man bedenkt, wie stark das Interesse an Praxis und Theorie des New Age, der Esoterik und des Okkultismus selbst unter Christen gewachsen ist, kann man sich als Theologe nicht so einfach von einer genauen Wahrnehmung des Phänomens und einer ernsthaften Auseinandersetzung damit dispensieren. Man würde sonst einen notwendigen Dienst am christlichen Glauben, der nun einmal jetzt gerade von dieser Seite her massiv in Frage gestellt wird, unterlassen.

Das vorliegende Buch ist aus einer Sondervorlesung im Rahmen der Eschatologie an der Phil.-Theol. Hochschule St. Georgen in Frankfurt/M. entstanden. Gerade im Frankfurter Raum ist die esoterische „Szene" sehr aktiv und lebendig. So schien es mir sinnvoll, durch eine aktuelle Erweiterung der „Phänomenologie" gegenwärtiger christlicher und außerchristlicher Hoffnungsweisen[1] den Studenten und Gasthörern eine Orientierung für die „Unterscheidung der Geister" anzubieten. Es geht mir nicht so sehr darum, das ganze bunte Spektrum von New Age u. ä. vorzustellen und vom christlichen Standpunkt aus dazu Stellung zu nehmen, wie es Josef Sudbrack in seinem sehr empfehlenswerten Buch „Neue Religiosität — Herausforderung für die Christen"[2] getan hat. Ich möchte mich vielmehr auf einige zentrale *Grundideen* und *-praktiken* dieser Bewegung und ihres Umfeldes beschränken und in eine *systematisch-theologische* Auseinandersetzung mit ihnen eintreten. Es soll ein sachliches, faires Gespräch sein, das zum Hören und Lernen bereit ist, das aber auch das unaufgebbar Eigene entschieden und eindeutig zur Sprache bringt. Beides kann dazu beitragen, daß sich unser Glaube in einer der gegenwärtigen Zeitsituation angemessenen Gestalt klarer und anziehender profiliert[3].

[1] Vgl. dazu M. Kehl, Eschatologie, Würzburg 1986, bes. 37—80 und 299—355; in diesem Buch gehe ich auch ausführlich auf die Frage der „Wiedergeburt" und auf die Erlebnisse von „klinisch Toten" ein, so daß ich diese Themen hier nicht weiter auszuführen brauche.

[2] Topos Taschenbuch 168, Mainz 1987.

[3] Neben dem erwähnten Buch von J. Sudbrack SJ sei noch auf einige andere Veröffentlichungen der letzten Jahre hingewiesen, die sich vom christlichen Standpunkt aus mit New Age, Esoterik u. ä. befassen: G. Schiwy, Der Geist des Neuen Zeitalters, München 1987; H. J. Ruppert, New Age. Endzeit oder Wendezeit? Wiesbaden 1985; H. Baer, Neue Wege zur Transzendenz? Zur spirituellen Dauerwelle außerhalb der Kirche, Hamm, Hoheneck-Verlag o. J. (1987); J. Moltmann, Gott in der Schöpfung. Ökologische Schöpfungslehre, München 1985; Informationen für Religionslehrer, Bistum Limburg (Hg. Dezernat Schule und Hochschule im Bischöflichen Ordinariat Limburg), 3/1987: Christen und New Age; New

In einem Rundgespräch über diese neuen religiösen Strömungen fand P. M. Zulehner eine sehr treffende, in den Hochreligionen geläufige Unterscheidung: nämlich zwischen einem „höheren New Age", dem es vor allem um die (theoretische und praktische) Transformation des allgemeinen Bewußtseins geht, und einem „Leute-New-Age", das eher zur Kompensation für die unbewältigte Überkomplexität der eigenen Lebenswelt dient und bei dem sich die einzelnen aus dem reichhaltigen New-Age-Angebot das auswählen, was ihnen zur persönlichen Lebenshilfe dienlich scheint (z.B. der Glaube an die Wiedergeburt, Astrologie, Spiritismus, Okkultismus, bestimmte Meditationstechniken und psychologische Therapien u.ä.). Der Entstehungssituation dieses Buches entsprechend gehe ich hier in den ersten vier Kapiteln fast nur auf das „höhere New Age" ein, während das fünfte Kapitel einen zentralen Bereich aus dem „Leute-New-Age" behandelt.
Das Spezifikum des christlichen Glaubens gegenüber New Age, um das es in dieser Darstellung wesentlich geht, wird auch im Titelbild verdeutlicht: Der Kosmos, das Universum gewinnt für uns erst dadurch ein „ansprechendes" und bergendes Gesicht, wenn aus seiner Mitte uns eine Hand entgegenkommt, die uns einlädt und zu sich zieht, ein Du, dessen Zuneigung zu uns den ganzen Kosmos erst liebenswürdig macht.

Frankfurt/M, im Oktober 1987 Medard Kehl SJ

Age — aus christlicher Sicht (Beiträge verschiedener Autoren), Freiburg/Schweiz 1987; K. Hollmann, New-Age-Bewegung und christliche Spiritualität. Ein Literaturbericht, in: Theologie und Glaube 77/1987, 474—482; K. Nientiedt, Durch neues Denken in ein neues Zeitalter? In: Herderkorrespondenz 41/1987, 579—584 (dort auch weitere Literatur und ein Interview mit J. Sudbrack über New Age, 584—590).

I. Begriffsklärung: Was ist „New Age"?

Seit etwa 10—15 Jahren tauchen — von Kalifornien ausgehend — auch bei uns immer häufiger Begriffe auf wie: „New Age" (= „Neues Zeitalter"), „Wendezeit", „Wassermann-Zeitalter" („Aquarius-Zeitalter"), „Ökologisches Zeitalter", „Solarzeitalter". Was ist damit gemeint? Eine genaue „Definition" dieser neuen Bewegung ist gar nicht so leicht; denn die New-Age-Szene und ihre Literatur bilden für den Außenstehenden ein kaum überschaubares Dickicht an Ideen und Programmen. Hier soll der Versuch unternommen werden, ein paar „Schneisen" zu schlagen, um den Weg für ein kritisches Gespräch zwischen dem christlichen Glauben und den zentralen Aussagen dieser neuen Heilslehre zu bahnen. Dabei stütze ich mich (vor allem im II. Kapitel) auf die Cheftheoretiker des New Age: Fr. Capra und M. Ferguson[1].

1. Das gesellschaftliche Subjekt

Unter „New Age" versteht man eine *Bewegung* vornehmlich innerhalb der westlichen Industrienationen, meist unter Angehörigen der Mittel- und Oberschicht, die angesichts der großen Überlebenskrisen der Menschheit ein

[1] Fr. Capra, Wendezeit. Bausteine für ein neues Weltbild, Bern/München [7]1984; ders., Das Tao der Physik. Die Konvergenz von westlicher Wissenschaft und östlicher Philosophie, Bern/München [10]1983; M. Ferguson, Die sanfte Verschwörung. Persönliche und gesellschaftliche Transformation im Zeitalter des Wassermanns, Basel [2]1982; eine Sammlung origineller Beiträge von 22 genuinen New-Age-Theoretikern und Praktikern hat W. Dahlberg gesammelt in: Wege in ein neues Bewußtsein, Verlag Aviva W. Dahlberg, Frankfurt 1987.

„neues Bewußtsein" praktiziert und propagiert. Diese Bewegung ist zu einem Teil innerhalb der sog. „neuen sozialen bzw. alternativen Bewegungen" integriert (ohne mit ihnen identisch zu sein!); sie ist beheimatet vor allem bei Kernkraftgegnern und Friedensinitiativen, in den verschiedenen Bereichen der ökologischen Bewegung, in alternativen biomedizinischen Kreisen, in der feministischen Bewegung, bei Selbsterfahrungsgruppen und anderen neueren psychologischen Therapiebewegungen (wie z.B. „Human Potential Movement", im Deutschen als „humanistische Psychologie" bezeichnet; oder wie die sog. „transpersonale Psychologie"). So nennt eine Hauptvertreterin des New Age, die Amerikanerin Marilyn Ferguson, in ihrem gleichnamigen Bestseller diese Bewegung eine „sanfte Verschwörung"[2]. Ohne Gewalt breitet sich also zunehmend in der ganzen westlichen Welt ein großes, nicht zentral organisiertes, zu den bestehenden Institutionen alternatives „Netzwerk" von Einzelnen, Gruppen, Initiativen und Bewegungen aus. Dadurch wird allmählich das alte „Bewußtsein" des Menschen (also sein grundlegendes Verhältnis zu sich selbst, zu den anderen, zu Natur und Umwelt, zu Technik und Wissenschaft, zu Universum, Gott und Zukunft) überwunden und ein neues Bewußtsein, ein neues „Paradigma" des gesamten menschlichen Selbst- und Weltverhältnisses heraufgeführt[3].

[2] M. Ferguson, Die sanfte Verschwörung, aaO. 25: „Ein führerloses, aber dennoch kraftvolles Netzwerk arbeitet, um in dieser Welt eine radikale Veränderung herbeizuführen. Seine Mitglieder haben sich von gewissen Grundkonzeptionen westlichen Denkens losgesagt und dabei möglicherweise sogar die Kontinuität der Geschichte unterbrochen. Dieses Netzwerk ist die Sanfte Verschwörung im Zeichen des Wassermanns. Eine Verschwörung ohne politische Doktrin. Ohne Manifest."

[3] Nach H.-J. Ruppert, New Age. Endzeit oder Wendezeit? Wiesbaden 1985, soll es in Amerika und Kanada im Jahre 1985 etwa 10 000 New-Age-Organisationen gegeben haben. Auch in deutschen Großstädten breitet sich diese Bewegung über psychologische Selbsterfahrungsgruppen, östliche Meditationskurse und antroposophisch/theosophische Kreise immer stärker aus. Bekannte Zentren der New-Age-Bewegung sind u.a.: Find-

2. Der esoterisch-astrologische Einschlag

Durch diese Erneuerung des Bewußtseins wird der Übergang in ein *„neues Zeitalter“* der Evolution des Kosmos und darin auch der Menschheitsentwicklung manifest. Im Augenblick stehen wir an der Wende der Zeit. Und zwar wird diese Wende häufig in esoterisch-astrologischen Begriffen als Übergang vom Zeitalter der „Fische“ zum Zeitalter des „Wassermann“ beschrieben. Was heißt das?[4] Soweit aus den unterschiedlichen Erklärungen zu entnehmen ist, steht dahinter die esoterische Idee vom großen „Weltenjahr“; das ist die Zeit, in der die gedankliche Verlängerung der Erdachse (bzw. in anderen Erklärungen: die Sonne) alle zwölf Tierkreiszeichen durchläuft[5]. Ein solches Weltenjahr im großen kosmischen Rhythmus dauert 25.268 Jahre[6]. Durch die zwölf Tierkreiszeichen geteilt, heißt das, daß ein „Weltenmonat“ etwa 2100 Jahre dauert, bis ein Tierkreiszeichen durchlaufen ist. Im Augenblick findet nun wieder solch ein „Monats-Übergang“ in ein neues Tierkreiszeichen statt, und zwar von dem der Fische in das des Wassermanns. „Diesem gedachten Zyklus, der übrigens keine astronomi-

horn, ein großer ökologischer Bauernhof mit vielen Gärten in Schottland, 1962 gegründet (vgl. dazu H.-J. Ruppert, aaO. 42ff); das „Esalen-Zentrum“ (1962 gegründet) in Kalifornien, auf einem alten Kultplatz der Indianer gelegen, benannt nach einem dort lebenden Indianerstamm, ein Zentrum für alle Arten der „humanistischen Psychologie“ und östlicher Meditationspraktiken; Auroville in Indien (1968 im Geist Sri Aurobindos gegründet), eine Stadt mit etwa 400 Einwohnern (davon 300 aus Europa), die die Weltanschauung von Sri Aurobindo in das gesellschaftliche Gebilde einer kleinen Stadt übersetzen wollen (vgl. dazu H. M. Enomiya-Lassalle, Am Morgen einer besseren Welt, Herder TB 1164, Freiburg 1981, 96—115).

[4] Vgl. dazu H.-J. Ruppert, aaO. 12.

[5] Der „Tierkreis“ ist ein Meßblatt, das von Menschen entworfen und an den Himmel projiziert wird, um den Lauf der Sonne und der Planeten zu messen. Es ist in zwölf Zeichen eingeteilt, die nach den zwölf Sternbildern benannt sind.

[6] H.-D. Leuenberger, Das ist Esoterik, Freiburg 1986, 18f.

sche Entsprechung mehr hat, da die Tierkreiszeichen inzwischen infolge der ‚Präzession' der Erdachse nicht mehr mit den Sternbildern übereinstimmen, wird eine symbolhafte Bedeutung für die Menschheit zugesprochen: So wie die natürlichen Rhythmen der Tage, Jahre und Jahreszeiten den Lebensrhythmus der Menschen in starkem Maße beeinflussen, so soll es auch, wenn auch auf okkulte Weise, mit diesem großen Zyklus sein, der den Lebensrhythmus ganzer Kulturen und Völker beeinflussen soll."[7]

Die gegenwärtigen Bewegungen des Übergangs zu einem neuen menschlichen Bewußtsein stehen also im größeren Rahmen eines kosmischen Übergangs; im Mikrokosmos des menschlichen Bewußtseins und seiner zyklischen Veränderungen spiegelt sich der Makrokosmos der planetarischen Zyklen des Universums[8]. An diesem Punkt der New-Age-Bewegung wird der Einfluß der *Esoterik* klar erkennbar. In einem kleinen Exkurs wollen wir deswegen zunächst einmal klären, was mit Esoterik heute gemeint ist.

Exkurs: Was heißt *Esoterik?*[9]

Der Begriff stammt vom griechischen Wort „esoterikos", das übersetzt werden kann mit „innen", „verborgen", „nicht für die Öffentlichkeit bestimmt"; es steht im Gegensatz zu dem Wort „exoterikos": „außen", „für die Öffentlichkeit bestimmt". Heute wird in manchen Ansätzen der Esoterik ein neuer Akzent gesetzt: Das esoterische Wissen soll jetzt gerade für *alle* zugänglich gemacht werden, um der Welt eine letzte Chance, dem Untergang zu entgehen, zu bieten. Deswegen lenkt H. D. Leuenberger den Begriff in eine andere Richtung; nach ihm sollte „Esoterik" besser mit „nach

[7] H.-J. Ruppert, aaO. 12; vgl. auch H.-D. Leuenberger, ebd.
[8] Vgl. M. Ferguson, aaO. 33.
[9] Neben dem erwähnten Buch von H.-D. Leuenberger vergleiche auch E. Gruber/S. Fassberg, New-Age-Wörterbuch, Herderbücherei 1310, Freiburg 1986, Art. „Esoterik" 38f.

innen gerichtet" übersetzt werden; denn die moderne Esoterik verbindet sich stärker mit der Psychologie (besonders C. G. Jungs). Sie will auf den verschiedenen Wegen einer eingeübten Selbsterfahrung und Meditation die grundlegenden, verborgenen Gesetze des menschlichen und des kosmischen Daseins entdecken. Dabei wird Esoterik sowohl auf der Ebene des philosophisch-spekulativen *Wissens* (Kosmogonie, Theogonie) wie auf der des magisch-religiösen *Erlebens* (Magie, Ritus, Meditation) gepflegt.
Die westliche Tradition der Esoterik bezieht sich in ihrem Ursprung auf das sagenumwobene, bei Platon erstmals literarisch erwähnte, vor vielen Jahrtausenden untergegangene „Atlantis" und auf Ägypten, dessen Kultur von Überlebenden der Atlantis-Katastrophe in Gang gebracht worden sei und deswegen das esoterische Wissen von Atlantis aufbewahrt habe. Die östliche Esoterik dagegen beruft sich (als ihre ursprüngliche Quelle) auf eine heute noch existierende unterirdische Stadt im nördlichen Himalaya, genannt Agartha, mit geheimen Ausgängen in die irdische Welt und bevölkert von verstorbenen Weisen und Eingeweihten, die gelegentlich mit den Menschen in direkten Kontakt treten (vgl. die „Meister" der Theosophie). Um in den Besitz des geheimen Wissens bzw. Erlebens zu gelangen, dem Erlösungs- und Heilsqualität zugesprochen wird, bedarf es der sog. „Einweihung" (Initiation), sei es durch bestimmte kultische Riten und Übungen, sei es durch die Belehrung eines Weisen und Eingeweihten, sei es durch psychologische Bewußtseinsveränderung und -erweiterung.
Als *literarische* Quellen dienen der abendländischen Esoterik neben den alten ägyptischen und griechischen Mythen und den griechisch-hellenistischen Mysterienkulten (Orphik und Eleusis) vor allem die gnostische Literatur der hellenistischen Spätantike (ab dem 2. Jahrhundert nach Christus) mit ihrer Mischung von stoischen, platonischen, aristotelischen und dann auch christlichen Elementen. Viele dieser alten gnostisch-esoterischen Schriften berufen sich auf den „Vater" allen esoterischen Wissens und seine Offenbarun-

gen, nämlich auf den Gott „Hermes Trismegistos" (= der dreimal Größte), der identisch ist mit dem ägyptischen Gott des Wissens Thoth und dem griechischen Götterboten Hermes, der Herr ist über den Schlaf, den Traum und den Tod, durch welche die göttlichen Botschaften ins Bewußtsein der Menschen gelangen (daher auch der andere Name für Esoterik: „Hermetik"). Unter dem Namen dieses Gottes erscheint in der spätantiken Gnosis des 2./3. Jahrhunderts nach Christus eine große Literatur astrologischen, magischen und philosophisch-theosophischen Inhalts, so vor allem das „Corpus Hermeticum" mit seinen 18 Traktaten, die in sich Kosmogonie, Anthropologie und Eschatologie verbinden[10]. Von daher stammen die *Grundprinzipien* der abendländischen Esoterik, die sich kurz so zusammenfassen lassen[11]:

(1) „Wie oben so unten": Alle Ebenen im Kosmos (göttlich-menschlich, geistig-materiell usw.) entsprechen sich; das Untere, Kleine ist ein Abbild des Höheren, des Göttlichen; im Mikrokosmos (Mensch, Seele) erscheint der Makrokosmos (Geist, Universum).

(2) Alles Seiende gibt es nur in polarer Spannung zueinander: positiv — negativ, hell — dunkel, oben — unten, männlich — weiblich usw.

(3) Zwischen diesen Polen fließt die kosmische Urenergie, die alles beseelt und die aus dieser Spannung immer wieder Neues hervorgehen läßt, was einen neuen Spannungspol bildet.

(4) Alles Geschehen im Kosmos ist zyklisch und rhythmisch geordnet, und zwar nach dem Beispiel des Atmens, des Herzschlags oder der Bahn der Planeten.

Im Mittelalter wurden solche esoterisch-hermetischen Traditionen besonders von den Templern und den Katharern,

[10] Vgl. H. Schwabl, Art. Hermes Trismegistos, in: LThK 5, Freiburg 1960, 257f.

[11] Vgl. H.-D. Leuenberger, aaO. 60f.

nach der Reformation von den Rosenkreuzern, schließlich ab dem 19. Jahrhundert von den Theosophen (und in Auswahl von den Anthroposophen) weitergetragen. Die traditionellen „Hauptpfeiler" der *Vermittlung* esoterischen Einzel-Wissens, bei dem die Grundprinzipien esoterischer Weltsicht auf die konkrete Lebenssituation des einzelnen und der jeweiligen Geschichtsepoche angewandt werden, sind die Astrologie, die Alchemie, die Magie, die jüdische Kabbala und die Bilder des Kartenspiels Tarot. Heute beruft sich die Esoterik stärker auf die Psychologie als Zugang zur esoterischen Erkenntnis, vor allem auf die Lehre C. G. Jungs vom kollektiven Unbewußten und seinen Archetypen, die sich in den Bildern der Mythen, der Märchen und der Träume zum Ausdruck bringen. Mit ihrer Hilfe soll ein Zugang zu den tiefsten Geheimnissen des menschlichen, naturhaften und kosmischen Daseins gewonnen werden. Gerade diesen psychologischen Weg wählen heute viele New-Age-Vertreter, für die C. G. Jung eine Art moderner Kirchenvater geworden ist (wohingegen S. Freud in diesen Kreisen erheblich an Einfluß verloren hat).
Soweit zu einer ersten Information über den Begriff „Esoterik". Vieles wird sich im Laufe der Darstellung der New-Age-Theorie noch klären.

3. Optimistische Zukunftsperspektive

Das jetzt beginnende neue Wassermann-Zeitalter wird — gegen alle moderne Skepsis und Weltuntergangsstimmung — die *Rettung* aus den globalen Überlebenskrisen und den persönlichen Sinnkrisen des alten Zeitalters bringen, die jetzt, an seinem Ende, besonders bedrohlich und für alle offenkundig hervortreten. Eine ausgesprochen optimistische Zukunftsperspektive beherrscht die New-Age-Literatur: Die „sanfte Verschwörung" des neuen Bewußtseins wird die einzelnen und die Welt im ganzen zum Guten hin, ja zum Heil hin verändern. Insofern versteht sie sich oft auch als Ablösung bzw. Vollendung der christlichen Eschatologie und anderer religiöser Zukunftsentwürfe oder auch als *die* eine, alle anderen umgreifende Weltreligion der Zukunft[12].

4. Bewußtsein der universalen Ganzheit

Das Hauptkennzeichen des neuen Bewußtseins, wodurch die Rettung unserer Welt ermöglicht wird, besteht in der Wahrnehmung der *universalen Einheit und Ganzheit.* Alles ist eins: Gott und Welt, Geist und Materie, Mensch und Natur, Leib und Seele, Ich und Du, ja alles Seiende überhaupt bildet eine große, geistbeseelte Einheit und Ganzheit. Alles ist miteinander verknüpft und vernetzt. Die Erkenntnis dieser Ganzheit und ein sich daran ausrichtender Lebensstil bilden den entscheidenden Heilsweg des neuen Zeitalters (der ja vielerorts bereits sehr sinnvoll und erfolgreich in der Medizin, in der Psychologie und in der Biologie beschritten wird).

Die Zeit der großen Dualismen des Fische-Zeitalters (verbunden vor allem mit den Namen Descartes und Newton), die uns letztlich in die Krisen der Gegenwart geführt haben, geht endgültig zu Ende, auch wenn sich noch viel

[12] Vgl. den bekannten Wassermann-Song aus dem Musical „Hair", wodurch diese Idee ja bereits sehr populär wurde:
„Harmonie und Recht und Klarheit!
Sympathie und Licht und Wahrheit!
Niemand wird die Freiheit knebeln,
niemand mehr den Geist umnebeln.
Mystik wird uns Einsicht schenken,
und der Mensch lernt wieder denken,
dank dem Wassermann, dem Wassermann."

Widerstand gegen das neue Bewußtsein regt, vor allem in den etablierten Kreisen der Industrie, der Wirtschaft, der Politik, der Wissenschaften, der Kirche. Aber das alles sind reine Rückzugsgefechte; denn das neue Zeitalter und mit ihm das neue Bewußtsein kommen *unausweichlich*. Dazu einige Zitate von Hugo M. Enomiya-Lassalle SJ, der sich in neueren Veröffentlichungen offensichtlich dem New-Age-Weltbild sehr angenähert hat: „Es geht zwar um ein neues Menschenbild, das im Entstehen begriffen ist. Aber das ist nicht so zu verstehen, daß der Mensch dieses neue Bild selbst auszudenken und zu formen hätte. Sondern es ist wie beim Schmetterling, der aus der Puppe hervorgeht, nicht in einer von ihm selbst gewählten, sondern in der von der Natur vorherbestimmten Form"(22). „Tiefer sehende Menschen dagegen wissen, daß es kein Zurück zum Alten gibt und daß es daher sinnlos ist zu versuchen, das Rad der Entwicklung zurückzudrehen. Sie wissen, daß es nun einzig und allein darauf ankommt, daß dieser neue Mensch gesund und lebenskräftig zur Welt kommt. Wie viele nähere und nächste Ursachen man auch für diese Entwicklung angeben mag, letzten Endes sind das alles nur akzidentelle Ursachen. Die eigentliche Ursache ist die Natur des Menschen, die so angelegt ist, daß die Geburtsstunde des neuen Menschen früher oder später kommen muß. Denn die Persönlichkeit, das Person-Sein ist der tiefste Kern des Menschen; je mehr er sich dessen bewußt wird, desto mehr ist er Mensch" (25)[13]. „Was die neue Mutation betrifft, die uns retten kann, so hängt es nicht von uns ab, daß sie überhaupt kommen kann, wohl aber in etwa, ob sie bald zustande kommt" (54)[14].

Da hier wohl das wichtigste Element der gesamten New-Age-Theorie angesprochen ist, soll dieses neue Bewußtsein

[13] Aus: H. M. Enomiya-Lassalle, Am Morgen einer besseren Welt, Herder TB 1164, Freiburg 1984.

[14] Vgl. dazu auch: H. M. Enomiya-Lassalle, Zen und christliche Mystik, Freiburg 1986; ders., Wohin geht der Mensch? Zürich 1981.

und der mit ihm verbundene Lebensstil des New Age noch etwas detaillierter beschrieben werden:

a. Entwicklungsstufe des „integralen Bewußtseins"

Das neue Bewußtsein steht — kulturgeschichtlich — in einer großen *Entwicklungslinie* des menschlichen Bewußtseins, deren Rekonstruktion vielfach versucht wird[15]. Ich übernehme hier die Darstellung von P. Enomiya-Lassalle, der sich auf Hypothesen des Schweizer Kulturphänomenologen Jean Gebser stützt. Danach gibt es fünf große, verschiedene Bewußtseinsweisen in der Entwicklung des Menschen, die einander abgelöst haben, und zwar dadurch, daß jeweils die frühere durch Maßlosigkeit und Übertreibung dekadent geworden ist und deswegen ein qualitativer Umsprung einsetzte. Diese Bewußtseinsstufen werden so charakterisiert:

Das *archaische* Bewußtsein ist geprägt durch die Nicht-Unterschiedenheit von Mensch und Kosmos. Ohne jedes Bewußtsein eines Gegenüber-Seins zur Welt lebt der Mensch gleichsam raumlos, zeitlos und ichlos eingebunden in seine Umwelt, in reiner Identität und Ganzheit. Dieses goldene Zeitalter des archaischen Bewußtseins wird heute oft als *das* Ideal menschlicher Bewußtseinsentwicklung hingestellt: Zu ihm soll das menschliche, durch die Geschichte geläuterte und bereicherte Bewußtsein zurückkehren.

Das *magische* Bewußtsein ist gekennzeichnet durch ein erstes Herauslösen aus dieser Identität; die Natur als das andere des Menschen kommt zum Bewußtsein. Zugleich wird die Notwendigkeit erkannt, die Welt zu „haben" und

[15] Vgl. dazu M. Berman, Der unsichtbare Teil der Vergangenheit, in: G. Geisler (Hg.), New-Age — Zeugnisse der Zeitenwende, Freiburg 1984, 167—174; H. M. Enomiya-Lassalle, Am Morgen einer besseren Welt, aaO. 34—55; Jean Gebser, Ursprung und Gegenwart, Müchen 1973; E. Gruber, Was ist New Age? Bewußtseinstransformation und neue Spiritualität, Herder TB 1369, Freiburg 1987.

sich gegen wilde Naturkräfte zu schützen bzw. sie in Dienst zu nehmen. Dennoch hat sich in dieser Epoche noch kein eigentliches Ich-Bewußtsein herausgebildet. Stattdessen lebt der Mensch in einer engen, gleichsam telepathischen Verflochtenheit mit der Natur und ihren Kräften. In dieser Phase kommt allmählich das Religiöse mit seiner Ahnung des Ganz-Anderen zum Bewußtsein.
Das *mythische* Bewußtsein zeichnet sich durch ein Bewußtwerden der Seele, des Ich und damit zugleich der Polarität von Ich und Welt aus. Es findet seinen Ausdruck in den Mythen, den „Kollektivträumen" der Menschheit.
Das *mentale* Bewußtsein, das in Griechenland entstanden ist und noch immer unseren gegenwärtigen Bewußtseinsstand prägt, allerdings bereits im Stadium der Dekadenz, besteht in der Aneignung der Welt durch den Menschen, der sich zum „Maß aller Dinge" und zum Beherrscher der Welt setzt, die ihm als schlechthin untergeordnet gilt. Dieses Bewußtsein manifestiert sich z.B. im Patriarchat, im begrifflich-logisch-zielgerichteten Denken, in dualistischen Denkmodellen (z.B. zwischen Glaube und Vernunft), im quantifizierenden Denken.
Das *integrale* Bewußtsein ist nun endlich das, in das einzutreten die Menschheit gerade im Begriff steht. Da es etwas radikal Neues bedeutet, läßt es sich nicht adäquat in den Begriffen unseres mentalen Bewußtseins ausdrücken. Höchstens annäherungsweise läßt sich sagen, daß es das Positive der bisherigen Bewußtseinsweisen in sich integriert, und zwar „im Sinn des Vollzugs einer ‚Gänzlichung', d.h. Wiederherstellung des unverletzten ursprünglichen Zustandes unter bereicherndem Einbezug all dessen, was die Strukturen (des Bewußtseins) bisher geleistet haben"[16]. Es geht hierbei nicht um bloße Bewußtseinserweiterung, sondern vielmehr um Bewußtseins*intensivierung*, und zwar in Richtung auf die ursprüngliche, archaische Einheit von Mensch und Welt; dabei werden jedoch die bisher durchlaufenen Ent-

[16] H. M. Enomiya-Lassalle, Am Morgen..., aaO. 55.

wicklungsstufen nicht rückgängig gemacht, sondern sie bleiben — in ihrem Positiven — bewahrend und vollendend „aufgehoben". So kommt es zu einem „überrationalen" bzw. „arationalen" Bewußtsein; dieses lebt in der ständigen, ungeteilten Präsenz des Ganzen der Welt und ihres Ursprungs; beides ist ihm voll transparent. Insofern ist es auch ein „aperspektivisches" Bewußtsein, das gegensatzlos und zeit- und raumfrei (im Sinn der quantitativen Ausdehnung, jedoch nicht der Intensität, die als ursprüngliche Raum-Zeit-Einheit erlebt wird) die Welt wahrnimmt. „Das Leben des Geistes ist ausschließlich ein Leben in der Gegenwart, nie in der Vergangenheit oder Zukunft: Das Leben hier und jetzt ... ein Leben außerhalb der Zeit, das Leben in seiner Wesenheit und in seinem ewigen Prinzip. Und darum behaupten sie alle — alle Menschen, die die beste Eignung haben, es zu wissen —, daß das Gedächtnis überlebt werden und man ihm zuletzt absterben muß."[17] Oder in einem Wort von Jean Gebser, dem Gewährsmann von P. Enomiya-Lassalle: „Die tiefe Wahrheit des Christentums von der Transparenz, der Diaphanität der Welt, könnte wahrnehmbar werden. Der lautere Einbruch des Jenseits ins Diesseitige, die Präsenz des Jenseits im Diesseitigen, des Todes im Leben, des Transzendenten im Immanenten, des Göttlichen im Menschlichen könnte transparent werden."[18]

[17] A. Huxley, Zeit muß enden, Zürich 1950, 331f (zitiert nach H. M. Enomiya-Lassalle, aaO. 73).

[18] J. Gebser, aaO. 543. Wenn hier die „Wahrheit des Christentums" beschworen wird: Wie wird bei Gebser und Lassalle die unaufgebbare Differenz zwischen irdischem Pilgerdasein und der Vollendung, zwischen „Glauben und Schauen", zwischen Diesseits und Jenseits des Todes bewahrt? Wird hier nicht die christlich erhoffte Transparenz des „Himmels" nach unserem Tod mit einer *inner*geschichtlichen Bewußtseinsstufe identifiziert?

Die Umwandlung des alten, „mentalen" zum neuen, „integralen" Bewußtsein, die im New Age mit dem Zauberwort „Transformation" bezeichnet wird, kann beim Einzelnen gefördert werden durch bestimmte psychologische Selbsterfahrungsmethoden und durch Meditation. M. Ferguson gibt dafür einen „Vier-Stufen-Pfad" der Initiation, der Einweisung[19] an:

„Einstieg": Er kommt zustande entweder durch einen Zweifel am bisherigen Weltbild oder durch Anstöße aufgrund neuer Erfahrungen (mit LSD, Meditation, Körper- und Selbsterfahrung).

„Erforschung": Auf dieser Stufe findet ein intensives Kennenlernen und Ausprobieren bestimmter Psychotechniken und Meditationsmethoden (besonders von Zen und Yoga) statt. Hier begibt sich der Mensch auf einen Weg und macht dabei oft die Erfahrung, daß das neue Bewußtsein auf alte Weise gesucht wird: nämlich durch konsumierendes Ausprobieren aller möglichen Angebote, ohne sich entschieden auf einen einzigen Weg einzulassen[20].

„Integration": In dieser Phase des Weges wird dem Menschen eine intuitive und zugleich reflektierende Erfahrung der universalen Ganzheit zuteil; hier gelangt er zu seinem persönlichen neuen Selbstverständnis und Sein. Als Beispiel einer solchen Intuition sei ein Bericht von M. Ferguson angeführt:

„Der Physiker Fritjof Capra erzählt von einer solchen Erfahrung, bei der er nicht bloß an ein dynamisches, auf seinem intellektuellen Verständnis basierenden Universum glaubte, sondern wo er *wußte*, daß dem so ist. Er erinnert sich, daß er an einem späten Sommernachmittag am Strand saß, die Wellen beobachtete und den Rhythmus seines Atmens fühlte, als er plötzlich die ganze Umgebung als

[19] M. Ferguson, aaO. 99ff; H.-J. Ruppert, aaO. 64ff.

[20] So selbstkritisch: M. Ferguson, aaO. 104.

einen kosmischen Tanz erfuhr — nicht bloß als physikalisches Konzept, sondern als eine unmittelbare, lebendige Erfahrung:
Ich ‚sah' förmlich, wie sich aus dem Weltraum Kaskaden von Energie ergossen, in denen in einem rhythmischen Impuls Teilchen erzeugt und zerstört wurden. Ich ‚sah', wie sich die Atome der Elemente und jene meines Körpers an diesem kosmischen Tanz der Energien beteiligten; ich fühlte dessen Rhythmus, und ich ‚hörte' dessen Klang, und in diesem Augenblick *wußte* ich, daß dies der Tanz Shivas war ..."[21]
„Verschwörung": Auf dieser letzten Stufe verbindet sich der solcherart „Erleuchtete" mit anderen Menschen und ihrem transformierten Bewußtsein, um mit ihnen zusammen die gesellschaftliche Transformation zu bewirken.

c. *Neues Gruppenbewußtsein: „Denke global — handle lokal!"*

Das Ziel der neuen Bewußtseinsbildung wird in einem bestimmten Gruppenbewußtsein erreicht, in dem alle ihr erneuertes, universal gewordenes Ich-Bewußtsein voll einbringen und wodurch sie zu einer höheren, neuen Stufe des Bewußtseins aufsteigen können[22]. In solchen Gruppen herrscht das „taoistische Führerprinzip", d.h. darin geben — wenn überhaupt — solche Menschen den Ton an, die anderen helfen, den „Guru" in sich selbst zu entdecken, so daß alle anderen äußeren Gurus und Meister sich erübrigen und jeder unmittelbar, ohne Vermittlung eines Erleuchteten zur Erleuchtung gelangt. Solche Gruppen bilden untereinander ein loses, nicht organisatorisch zentral gesteuertes Netzwerk, das sich über die ganze Erde erstrecken soll.

[21] M. Ferguson, aaO. 432.
[22] Vgl. E. Hanefeld, New Age — was ist das eigentlich? In: G. Geisler (Hg.), aaO. 29—37.

Dabei soll jede Gruppe an ihrem Ort und mit ihren spezifischen Methoden dieses neue Bewußtsein in die verschiedenen gesellschaftlichen Bereiche (Politik, Wirtschaft, Psychologie, Medizin, Pädagogik, Wissenschaft, Industrie usw.) eindringen lassen und sie so „transformieren". Das Motto dieser Transformation hat M. Ferguson treffend so formuliert: „Denke global — handle lokal!"

II. Die neuzeitlichen Wurzeln von New Age

Die Begriffsbestimmung des I. Kapitels soll nun durch das Aufzeigen der neuzeitlichen Herkunftslinien noch etwas vertieft und entfaltet werden, um so zu einem angemessenen Verständnis der *Grundanliegen* und *-gedanken* dieses Weltbildes zu gelangen.

1. Reaktion auf die Krisen der Gegenwart

Eine wichtige Wurzel (jedenfalls der seriösen New-Age-Bewegung) liegt zweifellos in der *Betroffenheit* durch die *überlebensbedrohenden* Krisen der modernen Gesellschaft. So beginnt Fr. Capra das 1. Kapitel seines für New Age grundlegenden Werkes „Wendezeit" mit den programmatischen Sätzen: „Zu Beginn der beiden letzten Jahrzehnte unseres Jahrhunderts befinden wir uns inmitten einer tiefgreifenden, weltweiten Krise. Es handelt sich um eine vielschichtige, multidimensionale Krise, deren Facetten jeden Aspekt unseres Lebens berühren — unsere Gesundheit und Lebensführung, die Qualität unserer Umwelt und unsere gesellschaftlichen Beziehungen, unsere Wirtschaft, Technologie und Politik. Es ist eine Krise von intellektuellen, moralischen und spirituellen Dimensionen, von einem Umfang und einer Eindringlichkeit, wie sie in der aufgezeichneten menschlichen Geschichte ohne Beispiel dasteht. Zum ersten Male sind wir von der sehr realen Gefahr der Auslöschung der menschlichen Rasse und des gesamten Lebens auf diesem Planeten bedroht."[1]
Als signifikante Phänomene dieser Krise führt er auf: Die Bedrohung durch die nukleare Hochrüstung, die Kernkraft-

[1] Fr. Capra, Wendezeit, aaO. 15.

werke, die gleichzeitige Verarmung und Verschuldung vieler Länder der Dritten Welt, die Luft- und Wasserverschmutzung, die Lebensmittelvergiftung, die Zunahme der Zivilisationskrankheiten (Herzinfarkt u.ä., Krebs, Schlaganfälle usw.) und der Psychopathologien (bes. der Depression und der Schizophrenie). Capra sieht darin „systembedingte" Probleme (20), d.h. sie hängen alle miteinander zusammen und sind jeweils verschiedene Ausdrucksformen einer einzigen umfassenden „Kulturkrise", die auf den Kollaps der bisherigen Wert- und Wirklichkeitsvorstellungen der westlichen Kultur hinsteuert. Diese Kultur wird geprägt durch ein objektivierendes und instrumentalisierendes Umgehen des Menschen mit der gesamten Wirklichkeit. Das Selbstverständnis des Menschen reduziert sich in diesem neuzeitlichen Bewußtsein also auf das begreifende und bemächtigende Erkenntnissubjekt („res cogitans"), demgegenüber die sinnlich wahrnehmbare Natur zum reinen Erkenntnis- und Behandlungsobjekt herabsinkt („res extensa")[2]. Der Mensch soll eben zum „Herren und Besitzer der Natur" werden (Descartes). Die naturwissenschaftliche Methode des Analysierens und Experimentierens wird zum maßgeblichen Erkenntnisideal hochstilisiert; das Universum wird als ein starres, mechanisches System aus elementaren Bausteinen betrachtet; der unbegrenzte materielle Fortschritt durch wirtschaftliches und technologisches Wachstum wird als *die* Ideologie der modernen Gesellschaft verkündet usw.

Die *ökologische Kritik* an diesem Werte-Paradigma und den Aufruf zu einer globalen Umkehr haben sich fast alle Vertreter des New Age zu eigen gemacht: Ohne eine fundamentale Abwendung von diesem Paradigma und ohne eine Hinwendung zu einem neuen, die Einheit und Ganzheit allen Seins betonenden Verhältnis zur Wirklichkeit im ganzen kann das Überleben unserer Kultur und der Menschheit überhaupt nicht mehr gesichert werden.

[2] Vgl. dazu auch J. Moltmann, Gott in der Schöpfung, München 1985.

2. Europäische Geschichtsphilosophie und chinesische Weisheit

Mit dieser ökologischen Sicht der Dinge verbindet sich bei New-Age-Vertretern oft eine bestimmte *Geschichts- und Kulturphilosophie,* die sich von sehr verschiedenen Quellen her speist, so z.B. von dem englischen Historiker Arnold Toynbee (1889—1975), der zwischen 1934 und 1961 das 12bändige Werk „A Study of history" (deutsch: „Der Gang der Weltgeschichte") herausgebracht hat und damit großen Erfolg erzielte. Nach ihm bewegt sich die Geschichte aller Hochkulturen stets in dem gleichen, immer wiederkehrenden Rhythmus: Entstehung — Wachstum — Niedergang — Zerfall[3]. Capra zieht von dieser Deutung der Geschichte nun Linien weiter zu dem alten *Chinesischen Weisheitsbuch I Ging* („Buch der Wandlungen")[4] und seiner Lehre von dem ständigen Auf und Ab zwischen „Yin" und „Yang", den beiden Grundpolen der Wirklichkeit[5]: „Für die chinesischen Philosophen war die Wirklichkeit, deren innerstes Wesen sie *Tao* nannten, ein Prozeß kontinuierlichen Fließens und Wandels. Ihrer Anschauung nach nehmen alle Vorgänge, die wir beobachten, an diesem kosmischen Prozeß teil und sind auf diese Weise von Natur aus dynamisch. Es ist die Haupteigenschaft des *Tao,* daß seine ständige Bewegung zyklisch verläuft. Alle Entwicklungen in der Natur — die physischen ebenso wie die psychischen und die gesellschaftlichen — laufen zyklisch ab. Die Chinesen gaben dieser Idee durch Einführung der polaren Gegensätze *Yin* und *Yang* eine definitive Struktur, wobei die beiden

[3] Ähnlich ist das Grundmuster auch bei Piritim Sorokin, den Capra ebenfalls zitiert (27f).

[4] Dazu H.-D. Leuenberger, aaO. 199ff.

[5] Der Ursprung dieses Buches ist unbekannt; es ist seit 1000 v. Chr. nachweisbar und hat beide großen Strömungen der chinesischen Philosophie beeinflußt: den Konfuzianismus und den Taoismus (siehe E. Gruber/S. Fassberg, New-Age-Wörterbuch, aaO. 63f).

Pole den Zyklen des Wandels Grenzen setzen. ‚Nachdem das *Yang* seinen Gipfel erreicht, zieht es sich zugunsten des *Yin* zurück; hat das *Yin* einen Gipfel erreicht, zieht es sich zugunsten des *Yang* zurück'."[6]

Die beiden Pole des Seins „Yin" und „Yang" stehen in der westlichen, vom ökologischen und feministischen Denken geprägten Rezeption für folgende Grundwerte und -eigenschaften: „Yin": empfangend, bewahrend, intuitiv, kooperativ, umweltbezogen, eher weiblich usw. „Yang": aggressiv, expandierend, rational-analytisch, konkurrierend, ichbezogen, eher männlich usw.[7].

Es ist klar, daß die jetzige Kulturepoche ganz im Zeichen des „Yang" (und zwar bis zu seiner Übertreibung und dadurch fälligen Ablösung) steht, die des neuen Zeitalters dagegen im Zeichen des „Yin".

Das Spezifische der New-Age-Philosophie besteht nun darin, diese verschiedenen Quellen so zu verbinden, daß der gesellschaftliche und bewußtseinsmäßige Wandel von einer Kulturepoche zur anderen als eine *Manifestation* der kosmischen, aller Wirklichkeit zugrundeliegenden und ihr eingestifteten Rhythmik betrachtet wird. Er entspringt also in seinem letzten Grundimpuls *nicht* der Einsicht und Freiheit der Menschen, auch nicht bestimmten gesellschaftlichen Umständen und Gesetzmäßigkeiten, sondern zutiefst der natürlichen Dynamik des Universums, ja des Seins überhaupt. Dadurch wird der jetzt fällige gesellschaftliche Wandel in den umfassenden Rahmen des Universums eingebunden und dadurch „unvermeidlich"[8]. Wir stehen somit

[6] Fr. Capra, aaO. 32.

[7] Die *ursprünglichen*, für ein feministisch sensibilisiertes Weltbild reichlich „sperrigen" Sinngehalte des Yin und Yang beschreibt H.-D. Leuenberger, aaO. so: „Der eine Pol heißt Yin, Erde, und repräsentiert die weibliche, passive, einfügsame, schwache, dunkle Energie. Yin wird mit einer gebrochenen Linie dargestellt. Yang, Himmel, ist die männliche, aktive, feste, kräftige und helle Energie. Yang wird mit einer durchgezogenen Linie dargestellt" (200).

[8] Fr. Capra, aaO. 30; vgl. auch 24.

jetzt in einer „Wendezeit für Individuen, für unsere Gesellschaft und Zivilisation und für das planetarische Ökosystem“[9]. Deswegen läßt sich die Wende auch nicht verhindern; es hat gar keinen Sinn, sich ihr entgegenzustellen. Es kommt vielmehr alles darauf an, in diesen Rhythmus einzuschwingen und zu versuchen, die Geburtswehen und -schmerzen des neuen Zeitalters für alle möglichst gering zu halten und die „Wiedergeburt“ unserer Kultur (29) so harmonisch und natürlich wie möglich zu gestalten; genau wie es das Motto des Buches von Fr. Capra (dem I Ging entnommen) ansagt: „Nach einer Zeit des Zerfalls kommt die Wendezeit. Das starke Licht, das zuvor vertrieben war, tritt wieder ein. Es gibt Bewegung. Diese Bewegung ist aber nicht erzwungen... Es ist eine natürliche Bewegung, die sich von selbst ergibt. Darum ist die Umgestaltung des Alten auch ganz leicht. Altes wird abgeschafft, Neues wird eingeführt, beides entspricht der Zeit und bringt daher keinen Schaden.“[10]

Die andere Alternative zu „natürlich“, nämlich statt „erzwungen“ in *Freiheit* und Einsicht zu einer sinnvollen Veränderung des Bewußtseins und der Gesellschaft zu gelangen, taucht bei Capra gar nicht mehr auf; höchstens in der Form der Erkenntnis des unvermeidlich Vorgegebenen und des freien Zustimmens zu ihm. Als einzige andere Geschichtsphilosophie erwähnt er nur den Marxismus mit seinem dialektischen Materialismus. Er wird selbstverständlich abgelehnt; aber nicht wegen seiner in der Materie wurzelnden Notwendigkeit des dialektischen Umschlags von einem gesellschaftlichen Zustand in sein Gegenteil, sondern wegen des konfliktbedingten und revolutionären Charakters dieses Umschlags. Er kann — nach der marxistischen Geschichtsphilosophie — eben nur durch den Kampf der Klassen zustande kommen. Die New-Age-Geschichtsphilosophie bevorzugt lieber den harmonischen, im universellen

[9] AaO. 29.
[10] AaO. 5, 30.

Rhythmus eingebundenen Übergang. Ob sich hier nicht die bürgerliche Sehnsucht nach permanenter Harmonie mit der ökologischen Kritik der Intellektuellen an der gegenwärtigen Gesellschaft verbindet und sich dazu eine passende Geschichtsphilosophie konstruiert?

3. Verallgemeinerte naturwissenschaftliche „Systemtheorie"

Eine dritte Wurzel des New-Age-Weltbilds kommt aus den Naturwissenschaften, genauer: aus einer neuen, weithin akzeptierten Interpretation der Phänomene der *Kernphysik* und der *Biologie.* Und zwar ist es eine verallgemeinerte (ursprünglich in der Gestaltpsychologie beheimatete) *Systemtheorie.* Der zentrale Begriff dieser Theorie ist die „integrierte Ganzheit"[11]. Ein System ist folglich eine „Menge (im mathematischen Sinn) von Elementen, zwischen denen Wechselbeziehungen bestehen" (nach L. von Bertalanffy, dem Vorläufer und Begründer der Systemtheorie)[12]. Nicht mehr allein das einlinige Ursache-Wirkung-Schema wird zur Erklärung naturwissenschaftlicher Beobachtungen herangezogen, sondern stärker noch „die Erfassung der Korrelationen der Elemente untereinander im Rahmen des Ganzen"[13]. Alle Elemente eines bestimmten Systems (sei es eines Moleküls, einer Zelle, eines Lebewesens, einer Population) sind miteinander „vernetzt" und „verschaltet". Kleine Schwankungen in diesen Wechselwirkungen können ganz neue, unvorhersehbare und aus den einzelnen Elementen nicht ableitbare Systemeigenschaften hervorrufen (St. N. Boss-

[11] Vgl. dazu und zum Folgenden: St. N. Bosshard, Erschafft die Welt sich selbst? Quaest. disp. 103, Freiburg 1985, 110ff.
[12] Zitiert nach St. N. Bosshard, aaO. 112.
[13] Ebd.

hard bringt auf S. 114 zwei Beispiele solcher Systeme: Ein modernes Heizsystem und das System der Wirbelstürme). In diesem Zusammenhang spricht man deswegen von „Selbstorganisation“ oder „Selbsttranszendenz“ eines (belebten oder unbelebten) Systems. So können mit Hilfe dieser Systemtheorie die atomphysikalischen Vorgänge und auch die Evolution des Lebendigen zu neuen Formen hin plausibel erklärt werden.

Da eine Reihe von New-Age-Vordenkern auch Naturwissenschaftler sind, ist ihnen diese Theorie geläufig. Charakteristisch für sie (wie z. B. Fr. Capra) scheint nun zu sein, daß sie daraus — auch mit Hilfe der älteren „holistischen Naturphilosophie“ (nach der das Ganze auf abgestufte Weise in jedem Teil anwesend ist) — eine *umfassende Weltanschauung* machen, die eine Einsicht in das Wesen unserer Wirklichkeit schlechthin, in die Struktur von Sein überhaupt gewährt. Dazu wird das Universum im ganzen als *ein* großes, ganzheitliches System betrachtet, „dessen Teile auf ganz wesentliche Weise in Wechselbeziehung stehen und nur als Strukturen eines Vorgangs von kosmischen Dimensionen verstanden werden können“[14]. Alles ist grundsätzlich miteinander vernetzt; ja, es gibt — gemäß der universalen Extrapolation der Quanten- und der Relativitätstheorie — letztlich überhaupt keine „Teile“, „Dinge“, „Substanzen“, „Einheiten“ an sich, sondern nur ein kosmisches „Gewebe von Wechselbeziehungen“[15], ein Universum, das ein „ineinander verwobenes Netz von Zusammenhängen“ darstellt[16]. „Jedes Teilchen besteht aus allen anderen Teilchen.“[17]

Von daher sieht Capra (und mancher andere Naturwissenschaftler) eine große Übereinstimmung zwischen der chinesischen Weisheitslehre des Tao und der modernen Systemtheorie, wie es der Titel eines seiner Hauptwerke klar zum

[14] Fr. Capra, aaO. 80; oder 97: „... dessen (sc. des Universums) Teile ... nur als Muster eines kosmischen Prozesses verstanden werden können“.

[15] AaO. 83.

[16] AaO. 91.

[17] AaO. 100.

Ausdruck bringt: „Das Tao der Physik“[18]. Die chinesische Mystik und Weisheit bringt für ihn die stimmige weltanschauliche Einheit in die verschiedenen naturwissenschaftlichen Phänomene, so daß *universal* gelten kann, was im subatomaren Bereich beobachtet wird: „Es herrscht Bewegung, doch gibt es letzten Endes keine sich bewegenden Objekte; es gibt Aktivität, jedoch keine Handelnden; es gibt keine Tänzer, sondern nur den Tanz.“[19]

Da ich auf diesen Punkt im III. Kapitel nicht mehr näher eingehen werde, möchte ich schon hier zu diesem naturwissenschaftlichen Ansatz Stellung nehmen. Ich muß gestehen, daß ich dieser Extrapolation von Beobachtungen und Theorien, die innerhalb der Physik und der Biologie ihre gute Geltung haben, auf ein umfassendes Deutungsmuster der Wirklichkeit, also auf ein Weltbild hin, skeptisch gegenüberstehe. Natürlich übt heute, wo unsere Welt immer komplexer und unüberschaubarer wird und in immer mehr sich verselbständigende Teilsysteme auseinanderfällt, eine solche ganzheitliche Weltsicht auf viele eine ungeheure Anziehungs- und Hoffnungskraft aus. Das ist die *Chance*, die in dieser Bewegung liegt, und die wir auf unsere Weise aufgreifen und mittragen sollten. Denn es ist unbezweifelbar, daß eine Revision in Richtung Ganzheitlichkeit in allen Lebensbereichen (Pädagogik, Medizin, Psychologie, Politik, Wirtschaft usw.) notwendig ist, um der Wirklichkeit besser als bisher gerecht zu werden. Auf die Einseitigkeit der neuzeitlichen Rationalität weist die christliche Philosophie und Theologie ja schon seit Beginn der Neuzeit deutlich hin, in dem sie z. B. den Absolutheitsanspruch der zweckrationalen, rein empirisch-experimentell begründeten Vernunft kritisiert und das Recht des Glaubens als eigene Weise des Umgangs mit Wirklichkeit betont. Hier treffen sich durchaus Anliegen von Christentum und New Age.

[18] Berkeley 1975; im Deutschen zuerst als „Der kosmische Reigen“ (1977) erschienen, dann 1984 neu aufgelegt unter dem erwähnten Titel.

[19] Fr. Capra, Wendezeit, aaO. 97.

Aber der kritische Punkt der New-Age-Philosophie liegt m. E. in dem zu unreflektierten und letztlich unbegründeten Übergang auf eine andere Ebene, nämlich von der einzelwissenschaftlichen der Naturwissenschaften zu der weltanschaulich-philosophischen Ebene. Solche Extrapolationen sind gefährlich, weil sie die Unterschiede der verschiedenen Bereiche der Wirklichkeit zu leicht nivellieren und relativieren und alles nur als Ausdruck, Manifestation, Muster des Einen und Ganzen betrachten, dessen Wirklichkeit ziemlich unbestimmt und allgemein bleibt. Ein gewisser Hang zum Totalitären ist solchen Weltbildern dann nicht abzusprechen; wachsame und kritische New-Age-Anhänger weisen selbst darauf hin[20].
Der Testfall solcher ganzheitlicher Weltbilder ist für die christliche Theologie das Verständnis der menschlichen *Freiheit*. Wieweit behält diese geschöpfliche Freiheit, an die sich das Wort Gottes und seine Verheißungen richten, ihre Einmaligkeit und Eigenständigkeit im Ganzen der Schöpfung? Genau da scheint mir eine große Schwäche dieser naturwissenschaftlichen Extrapolation der New-Age-Weltsicht zu liegen. Dazu wieder ein signifikantes Zitat von Fr. Capra: „Die relative Autonomie selbstorganisierender Systeme wirft neues Licht auf die uralte philosophische Frage nach dem freien Willen. Aus der Sicht der Systemlehre sind sowohl Determinismus wie Freiheit relative Begriffe. In dem Maße, in dem ein System gegenüber seiner Umwelt autonom ist, ist es frei. In dem Maße aber, in dem es durch

[20] Vgl. M. Berman, der Verfasser von „Die Wiederverzauberung der Welt", München 1983 in einem Interview in: G. Geisler (Hg.), aaO. 173: „Es gibt da eine ganze Menge schwarzer Magie im Kleide der weißen. Sicherlich repräsentieren all diese Gurus ihren Trend. Aber da mischen sich zum Teil ganz dunkle Seiten der menschlichen Natur ein. Von daher sehe ich auch in der holistischen Vision zwei Möglichkeiten. Es liegt durchaus drin, daß der ganze Holismus direkt nach Auschwitz zurückführt! Meiner Meinung nach hatte Hitler diesen Aspekt der holistischen Vision. Denn die ganze Nazi-Mannschaft war mit Astrologie, dem heiligen Gral und anderen okkulten Dingen beschäftigt."

fortgesetzte Wechselwirkungen von ihr abhängt, wird seine Tätigkeit von Umwelteinflüssen geformt. Die relative Autonomie der Organismen wächst normalerweise mit ihrer Komplexität und erreicht im Menschen ihren Höhepunkt.

Dieser relative Begriff des freien Willens scheint in Übereinstimmung zu stehen mit der Lehre mystischer Überlieferungen, deren Anhänger ermahnt werden, die Vorstellung von einem isolierten Selbst zu transzendieren und sich dessen bewußt zu werden, daß wir untrennbare Teile des Kosmos sind, in den wir eingebettet sind. Ziel dieser Überlieferungen ist es, sich vollständig aller Ich-Empfindungen zu entledigen und in mystischer Erfahrung mit der Totalität des Kosmos zu verschmelzen. Sobald ein solcher Zustand erreicht ist, scheint die Frage nach dem freien Willen ihre Bedeutung zu verlieren. Wenn ich das ganze Universum *bin*, dann kann es keine Einflüsse ‚von außen' geben, und alle meine Handlungen sind spontan und frei. Vom Standpunkt der Mystiker aus ist der Begriff des freien Willens relativ, begrenzt und — wie sie sagen würden — illusorisch wie alle anderen Begriffe, die wir bei unseren verstandesmäßigen Beschreibungen der Wirklichkeit gebrauchen."[21]

Freiheit (als Vermögen der höchsten Komplexität eines Organismus im Verlauf der Evolution, eben des Menschen) ist demnach das spontane Einstimmen auf die vorgegebene Einheit und Dynamik des Ganzen, die in mir selbst gegeben ist und mit der ich in gewisser Weise identisch bin. Bei einer solchen Beschreibung kommt offensichtlich die Subjekthaftigkeit und Verantwortlichkeit der Freiheit zu kurz, nämlich, daß das *Ich* — bei aller Beeinflussung von innen und außen — doch die letztlich unableitbare, nicht an das Netz von Zusammenhängen abzutretende Ursache seiner Entscheidungen und Handlungen ist. Das Subjekt als ursprüngliche Ursache von Handlungen kann nicht einfach in das „Gewebe von Wechselbeziehungen" aufgelöst wer-

[21] Fr. Capra, aaO. 298f.

den. Das zeigt sich gerade auch in der Möglichkeit der Distanzierung des Ich vom Ganzen, von *allem* ihm Vorgegebenen, was zum Wesen menschlicher Freiheit gehört. An der Betonung dieses unauflöslichen Gegenüber von Freiheit und Welt hängen konsequenterweise solche, aus der Geschichte des Christentums erwachsenen Grundwerte wie Menschenwürde und Menschenrechte, Gewissen, Verantwortung und Schuld, auch die christliche Hoffnung auf ein gerechtes Gericht. Von daher sollte man sehr behutsam sein mit solchen naturwissenschaftlich ansetzenden universalen Einheitsbildern der Welt. Kann in ihnen nicht ein Zeichen für den Überdruß unserer Gesellschaft an der Freiheit liegen, ein Überdruß, der aus der Erfahrung ihres Mißbrauchs, ihrer Überforderung und ihres Mißlingens erwachsen ist? Bei aller Betonung des „Geistigen" in der Natur, wie sie im New Age vertreten wird, besteht doch bei einem solchen naturwissenschaftlichen Ansatz die Tendenz, Geist und Freiheit von den Strukturen der Materie bzw. der untermenschlichen Evolution her zu denken, also tendenziell „materialistisch" bzw. vitalistisch. Der umgekehrte Denkansatz (den z.B. St. N. Bosshard im genannten Werk vertritt), nämlich von der Freiheit her die Natur-Evolution als *analoges* (d.h. in aller Ähnlichkeit zugleich doch den Punkt der Unvergleichbarkeit festhaltendes) Geschehen der Vor-Geschichte, des naturwüchsigen Hinweges zur Freiheit zu deuten, scheint mir dem Phänomen der unableitbaren Besonderheit der Freiheit im Ganzen der Evolution eher gerecht zu werden. Der Freiheit steht mit mehr Grund die Rolle des „Primärmodells" aller Analogien und Vergleiche im Entwurf einer Weltsicht zu als den Phänomenen der Quantenphysik; denn von ihr her bekommen alle anderen Stufen der „Selbstorganisation" und „Selbsttranszendenz" in der Evolution erst ihr Ziel und ihren letzten Sinn.

4. „Leben" und „Geist" des Universums: Biologie und Spiritismus

Eine vierte Wurzel der New-Age-Theorie liegt in der Verbindung von *biologischer* Systemtheorie und *Spiritismus.* Zunächst etwas zu dem *ersten Element:* Die *biologische* Systemtheorie betrachtet alle lebendigen Organismen (von den Bakterien bis hin zum Menschen) als Systeme der dynamischen Selbstorganisation und Selbsterneuerung, die sich aus dem Wechselspiel der voneinander abhängigen und aufeinander bezogenen Elemente eines Systems ergeben[22]. Auf diesem Wechselspiel der Elemente eines Systems und seiner darauf gründenden Selbsttranszendenz auf Neues hin beruht ganz entscheidend der Optimismus der naturwissenschaftlichen New-Age-Theoretiker (wie z.B. Ilya Prigogine, Fr. Capra u.a.). Sie beobachten in ihrem Bereich, wie ein kleines Schwanken, eine kleine Veränderung in diesen Korrelationen große Auswirkung auf die Gestaltung und Entwicklung des Gesamtsystems haben kann, gerade wenn es um Überlebensfragen des Systems geht. Es paßt sich den neuen Situationen an und entwickelt Überlebensstrategien. Von diesen Beobachtungen aus wird nun wiederum extrapoliert auf die menschlich-gesellschaftliche Evolution angesichts der gegenwärtigen überlebensbedrohenden Krisen. Die ersten Reaktionen des Umdenkens auf das neue „Paradigma" hin und die sich ausbreitende Bewegung der „sanften Verschwörung" werden als Initialzündungen einer solchen Selbstorganisation des menschlich-gesellschaftlichen Lebenssystems angesehen, die allmählich das ganze „System" umkrempeln können und damit sein Überleben (durch Selbsttranszendenz) ermöglichen.

So weit, so gut. Nur: Wenn aus dieser Bewegung bei allen Theoretikern und Praktikern des New Age ein *unvermeid-*

[22] AaO. 298ff.

liches Geschehen gemacht wird, weil es eben ein universelles Gesetz der Evolution ist, erheben sich doch große Bedenken dagegen. Denn hier wird wiederum die spezifische Eigenart der menschlich-gesellschaftlichen Systeme zu wenig beachtet, die auf *Freiheit* beruhen und darum mit der ständigen Möglichkeit rechnen müssen, daß bestimmte Träger dieser Freiheit sich auch *gegen* ein Umdenken richten, daß sie hoffnungsvolle Initialzündungen zerschlagen, daß sie die Evolution des Lebens wirklich abbrechen können. Hoffnung auf eine gelingende Erneuerung des Bewußtseins und damit des Überlebens ist sinnvoll, aber ein zielsicherer Optimismus aufgrund evolutionärer Gesetzmäßigkeiten, denen auch die Freiheit über kurz oder lang gehorchen muß, erscheint mir fragwürdig.

Wie kommt es nun zum Schritt von der biologischen Systemtheorie zu einer bestimmten Form des *Spiritismus* oder — wie man in diesen Kreisen lieber sagt — Spiritualismus? Nun, naturwissenschaftlich läßt sich zeigen, daß komplexere Systeme in sich mehrere Systemebenen einschließen, z.B. von der Zelle über das Gewebe, das Organ, einzelne Organsysteme bis hin zum fertigen individuellen Organismus. Diese Organismen sind nun noch einmal eingeordnet in größere Systemzusammenhänge, z.B. bestimmte „Ökosysteme" oder gesellschaftliche Systeme. Diese wiederum können als Teil eines noch umfassenderen Systems angesehen werden: Nämlich der Biosphäre bzw. des Ökosystems unseres ganzen Planeten (z.B. die chemische Zusammensetzung der Luft, die Temperatur auf der Erdoberfläche, die Auswirkungen unseres Lebens auf die Ozonschicht in der Atmosphäre usw.).

Dem wird man durchaus zustimmen können. Jedoch schließt sich daran nun wiederum eine neue weltbildhafte Extrapolation an: Nämlich der Schluß auf ein *lebendiges Gesamtsystem Erde.* Der Planet wird dann als ein einziger lebender Organismus mit der Kraft dynamischer Selbstorganisation dargestellt. „Die Erde ist also ein lebendes System; sie funktioniert nicht etwa *wie* ein Organismus, sondern scheint wirklich ein Organismus zu sein — Gaia, ein lebendes planetarisches Wesen."[23]

Abgesehen davon, daß hier wiederum zu schnell der Übergang von wissenschaftlichen Einzelbereichen zu einer Gesamtschau vollzogen wird (zumindest sollte man die *Analogie* als Denkform beachten!), kommen auf dieser Stufe der Theorie jetzt Elemente der *spiritistischen* Tradition zur Geltung: Leben wird mit *Geist* verbunden. „In der Tat ist Geist eine wesentliche Eigenschaft lebender Systeme, das ‚Wesentliche am Lebendigen', wie Bateson es ausdrückte ... Leben und Geist sind Manifestationen derselben Gruppierung von Systemeigenschaften, von Prozessen, in denen die Dynamik der Selbstorganisation zum Ausdruck kommt."[24]

Die Tätigkeit des Geistes kommt als Dynamik der Selbstorganisation in allem Lebendigen (und in allem überhaupt, da ja alles Sein lebendig ist) zur Wirkung; im Menschen erreicht sie als individueller Geist ihre höchste Komplexitätsform innerhalb eines Organismus (wobei man sich vor allem auf die „holonomische" Theorie des Neurochirurgen K. Pribram stützt). Aber das ist keineswegs ihre Höchstform schlechthin! „Es gibt höhere Manifestationen des Geistes, in denen unser individueller Geist nur ein Untersystem darstellt."[25]

Bei gesellschaftlichen Systemen, verstanden als „objektivierter Geist", ist das noch in gewissem Sinne zu akzeptieren. Aber aus der anerkennenswerten Absicht heraus, Ehrfurcht vor der *gesamten* Wirklichkeit zu haben und gerade die Natur nicht ausbeuterisch beherrschen zu wollen, wird jetzt die gesamte nichtmenschliche Wirklichkeit ontologisch so aufgewertet, daß ihr nicht nur der Charakter des Lebens, sondern auch des Geistigen zugesprochen wird, und zwar in einer jeweils verschiedenen Stufenordnung von geistigen Systemen bis hin zu Gott: „In der geschichte-

[23] AaO. 316.
[24] AaO. 322.
[25] AaO. 323.

ten Ordnung der Natur ist der jeweilige individuelle menschliche Geist in den umfassenderen Geist gesellschaftlicher und ökologischer Systeme eingebettet; dieser wiederum ist in das planetare geistige System integriert — in den Geist von Gaia —, das seinerseits an irgendeiner Art von universalem oder kosmischem Geist teilhaben muß. Das Gedankengebäude des neuen Systemansatzes wird in keiner Weise eingeengt, wenn man diesen kosmischen Geist mit der traditionellen Vorstellung von Gott assoziiert. Jantsch sagt: ‚Gott ist nicht der Schöpfer, sondern der Geist des Universums.' Aus dieser Sicht ist die Gottheit natürlich weder männlich noch weiblich, noch in irgendeiner persönlichen Form manifestiert, sondern stellt nichts weniger als die Selbstorganisations-Dynamik des gesamten Kosmos dar."[26]

Oder: „Weitet man dieses (sc. das systemtheoretische) Denken auf das Universum als Ganzes aus, dann ist die Annahme nicht zu weit hergeholt, daß alle seine Strukturen — von den subatomaren Teilchen bis zu den Galaxien und von den Bakterien bis zu den Menschen — Manifestationen der Selbstorganisations-Dynamik des Universums sind, die wir vorhin mit dem kosmischen Geist identifiziert haben. Das ist jedoch fast schon eine mystische Anschauung. Der einzige Unterschied besteht darin, daß Mystiker größten Wert auf die unmittelbare Erfahrung des kosmischen Bewußtseins legen, die über den rein wissenschaftlichen Ansatz hinausgeht. Dennoch scheinen beide Wege durchaus vereinbar. Die auf der Systemlehre beruhende Naturanschauung scheint endlich einen sinnvollen wissenschaftlichen Rahmen abzugeben, innerhalb dessen man sich auch mit den uralten Fragen nach der Natur des Lebens, des Geistes, des Bewußtseins und der Materie beschäftigen kann."[27]

Diese Theorie wird in der New-Age-Literatur als „Spiritualität", als spirituelle oder spiritualistische Weltsicht bezeich-

[26] AaO. 324.
[27] AaO. 331.

net[28]. Von daher muß man heute vorsichtig sein, in welchem Kontext diese Begriffe gebraucht werden; sie sind vielfach besetzt worden von solchen Strömungen und haben mit dem christlichen Begriff von Spiritualität („Leben aus dem Geschenk des personalen Geistes Gottes“) nicht mehr viel zu tun. Die Spiritualität des New Age sieht sich selbst als transformierte Form herkömmlicher Religion, vor allem christlich-westlicher Prägung. Sie versteht sich jenseits von Institution und Tradition, von Autorität und Dogma, die sie alle scharf ablehnt; denn sie setzt allein auf die innere Erfahrung des kosmischen Geistes, die *jeder* selbst vollziehen muß und kann. Dazu M. Ferguson: „Ironischerweise basiert jede organisierte Religion auf den Aussagen über direkte Erfahrung einer oder mehrerer Personen, deren Offenbarungen dann als Glaubensartikel vererbt werden. Jene, die nach direktem Wissen streben, die Mystiker, sind immer mehr oder weniger als Ketzer behandelt worden, ungeachtet, ob es sich dabei um die christlichen Mystiker des Mittelalters, um die Sufis des Islam oder um die Kabbalisten des Judentums gehandelt hat.
Jetzt gewinnen die Ketzer an Boden, die herrschende Doktrin verliert ihre Autorität, und Wissen ersetzt den Glauben.“[29]
Zugleich wird diese Erfahrung als Erfahrung des wahren *Gottes* bezeichnet; denn „Gott wird als ein Fließen, als Ganzheit, als ein unendliches Kaleidoskop des Lebens und des Todes, als letzte Ursache, als Grund des Seins erfahren; als das, was Alan Watts ‚die Stille, aus der jeder Laut kommt‘ bezeichnete. Gott ist das Bewußtsein, das sich als *Lila,* das Spiel des Universums manifestiert, Gott ist die organisierende Matrix, die wir erfahren, aber nicht beschreiben können; das, was die Materie belebt.“[30]

[28] M. Ferguson, Die sanfte Verschwörung, aaO. 417ff: „Spirituelles Abenteuer. Verbindung mit der Quelle“.
[29] M. Ferguson, aaO. 428.
[30] AaO. 441.

Auf diesen Punkt werden wir im III. Kapitel noch ausführlicher eingehen.

5. „Transpersonale Psychologie“

Wie kann man zu solchen kosmischen Geist- und Gotteserfahrungen gelangen? Nun, der praktische Vollzug dieser spiritualistischen Weltanschauung wird vor allem in den Therapiemethoden der *transpersonalen Psychologie* eingeübt (A. Maslow, Ch. Tart, St. Grof), die aus der „humanistischen Psychologie“ (Human Potential Movement) erwachsen ist. Ihr geht es um die Vermittlung von solchen, die einzelne Person übersteigenden Erfahrungen des universalen Geistes. Was ist darunter zu verstehen? Die „humanistische Psychologie“ (zu der u.a. C. Rogers, Fr. Perls, A. Lowen, W. Reich, A. Maslow, E. Fromm, V. Frankl gerechnet werden, die z.T. ursprünglich der psychoanalytischen Schule entstammen) konzentriert sich vor allem auf Persönlichkeitsentfaltung und Selbstverwirklichung (Sensitivity-Training, Encounter-Gruppen u.ä.); dagegen hebt diese neue Richtung die sog. „transzendentalen Bedürfnisse“ des Menschen als wesentliches Element seiner Selbstverwirklichung hervor[31]. Warum A. Maslow zu dieser Form der Psychologie übergegangen ist, begründet er wie folgt: „Ich sollte auch sagen, daß ich die Humanistische Psychologie als vorübergehend betrachte, als Vorbereitung für eine noch ‚höhere‘ vierte Psychologie, die transpersonal, transhuman ist, ihren Mittelpunkt mehr im Kosmos hat als in menschlichen Bedürfnissen und Interessen, und die über Menschlichkeit, Identität, Selbstverwirklichung und ähnliches hinausgeht. Diese neuen Entwicklungen können sehr wahr-

[31] Vgl. E. Gruber/S. Fassberg, New-Age-Wörterbuch, aaO., Art. „Transpersonale Psychologie“, 144f.

scheinlich eine greifbare, mögliche und wirksame Befriedigung des ‚frustrierten Idealismus' vieler still verzweifelter, besonders junger Menschen bieten. Diese Psychologien können sich zu der Lebensphilosophie entwickeln, dem *Ersatz für die Religion*, dem Wertsystem und Lebensprogramm, das diese Menschen vermißt haben. Ohne das Transzendente und Transpersonale werden wir krank, gewalttätig und nihilistisch. Wir brauchen etwas ‚Größeres, als wir es selbst sind', um Ehrfurcht davor zu empfinden und uns in einer neuen, naturalistischen, empirischen, nichtkonfessionellen Weise zu engagieren."[32]

Dieses neue religiöse Engagement äußert sich z. B. in mystischen Erfahrungen, Erlebnissen der Transzendenz (was immer das sein mag), Ekstase, Meditation, parapsychologischen Erlebnissen usw., wodurch ein Zugang zu all jenen Phänomenen eröffnet wird, die unsere raum-zeitliche, mit den Sinnen und der wissenschaftlichen Rationalität erkennbare Wirklichkeit „transzendieren". Daher der Name „transpersonale Psychologie"; sie gilt — nach E. Gruber — als der *„psychologische Pfeiler* des New Age"[33]. Fr. Capra beschreibt die von dieser Psychologie analysierten und geförderten Erfahrungen (mit Rückgriff auf C. G. Jung) so: „Transpersonale Erfahrungen beinhalten eine Ausweitung des Bewußtseins über die konventionellen Grenzen des Organismus hinaus und dementsprechend ein umfassenderes Identitätsgefühl. Dazu mögen auch Wahrnehmungen in der Umwelt gehören, welche die gewöhnlichen Grenzen der sinnlichen Wahrnehmung überschreiten. Die transpersonale Ebene ist die Ebene des kollektiven Unbewußten und der damit verbundenen Phänomene, wie es in der Jungschen Psychologie beschrieben wird. Es ist eine Art des Bewußtseins, in der das Individuum sich mit dem Kosmos als Ganzem verbunden fühlt und die somit mit dem

[32] In: Zeitschrift für transpersonale Psychologie 1/1982, 33 (zitiert nach H.-J. Ruppert, New-Age, aaO. 57).
[33] E. Gruber/S. Fassberg, aaO. 145.

traditionellen Begriff des transzendenten menschlichen Geistes identifiziert werden kann. Diese Art des Bewußtseins transzendiert oft den logischen Verstand und die intellektuelle Analyse und nähert sich der unmittelbaren mystischen Erfahrung der Wirklichkeit an. Die viel weniger von Logik und allgemeinem Menschenverstand eingeengte Sprache der Mythologie ist der Beschreibung transpersonaler Phänomene oft angemessener als die sachliche Sprache ...
Am Ende des Bewußtseinsspektrums gehen die transpersonalen Spektralbänder in die Ebene des Kosmischen Bewußtseins über, auf der man sich mit dem ganzen Universum identifiziert. Man kann die letzte Wirklichkeit auf allen transpersonalen Ebenen *erkennen*, zu dieser Wirklichkeit selbst *werden* kann man jedoch nur auf der Ebene des Kosmischen Bewußtseins. Gewahrsein entspricht auf dieser Ebene dem wahren mystischen Zustand, in dem alle Grenzen und Dualismen transzendiert sind und jegliche Individualität sich in ein universales und ungeteiltes Einssein auflöst. Die Ebene des Kosmischen Bewußtseins zu erreichen, war seit jeher das alles überragende Bestreben der spirituellen oder mystischen Traditionen, im Osten wie im Westen. Obwohl viele dieser Überlieferungen sich der anderen Ebene durchaus bewußt waren und sie oft in allen Einzelheiten dargestellt haben, betonen sie jedoch stets, daß die mit allen anderen Bewußtseinsebenen assoziierten Identitäten illusorisch sind, ausgenommen die allerhöchste Ebene des Kosmischen Bewußtseins, auf der man seine allerhöchste Identität findet."[34]

Wer das jahrtausendealte Mühen um den philosophischen und theologischen Begriff der „Transzendenz" kennt, wird mit dieser undifferenzierten Begrifflichkeit große Schwierigkeiten haben. Abgesehen davon, daß meist die Begriffe „transzendental" und „transzendent" durcheinander gebracht werden, wird unter „Transzendenz" schlicht alles zusammengefaßt, was man heute gern das „Andere der Vernunft"

[34] Fr. Capra, aaO. 416f.

nennt, also z. B. was im Bereich der Parapsychologie liegt („außersinnliche Wahrnehmungen" wie z. B. Telepathie, Hellsehen, Befragung von toten Geistern, Erfahrung der extremen Todesnähe usw.) oder im Bereich der Meditation und Mystik (Innewerden des innersten „Seelengrundes" des Menschen) oder im Feld der Metaphysik (Ausgriff des menschlichen Geistes in jedem Erkenntnis- und Freiheitsakt auf das Ganze der Wirklichkeit überhaupt) und schließlich innerhalb der Theologie (Glaube an den absolut transzendenten und nur als solchen immanenten Gott). Daß gerade der letztere Gesichtspunkt in der „Spiritualität" des New Age vernachlässigt wird, verwundert nicht. Das hängt eben von der grundsätzlichen Theorie der Einheit alles Seienden ab, die eine ebenso grundlegende, sich zur Einheit dialektisch verhaltende Differenz zwischen Schöpfer und Geschöpf nicht zulassen kann (dazu mehr im III. und IV. Kapitel).
Wo liegen nun im engeren Sinn die religiösen Wurzeln dieser Gedanken des New Age?

6. Renaissance der „Theosophie"

Die Idee eines geistig beseelten Kosmos, eines kosmischen Bewußtseins, das mit dem transzendenten Gott identifiziert wird und an dem teilzuhaben die höchste Identitätsstufe des Menschen bedeutet, wird vor allem aus der *Theosophie* der Neuzeit übernommen. Was ist damit gemeint?

a. Zum Begriff

Der Begriff bedeutet, wörtlich übersetzt „Gottesweisheit" und meint — im Unterschied zur Theo*logie* —, daß bestimmten Menschen ein unmittelbarer Zugang zum Göttlichen durch Erleuchtung oder Schau oder Einweihung möglich ist[35]. Und zwar vollzieht sich diese Erleuchtung als „Selbsterkenntnis Gottes im Menschen; sie ist das Offenbarwerden der Wahrheit im eigenen Inneren des Menschen, wobei der Mensch zum wahren Selbstbewußtsein der in ihm innewohnenden höheren Natur gelangt“[36]. Aus der abendländischen Tradition ist uns theosophisches Gedankengut bekannt, vor allem von den Neupythagoräern her, der Hermetik, dem Neuplatonismus, der Gnosis, den antiken Mysterienreligionen, der jüdischen Kabbala, den Katharern, den Albigensern und den Rosenkreuzern, der Alchemie usw. Aus all diesen Traditionen schöpft die neuzeitliche Theosophie und verbindet sie mit hinduistischen und buddhistischen Überlieferungen.

b. Die neuzeitliche Phase der Theosophie

Vor gut 100 Jahren, genau 1875, gründete die medial begabte und spiritistisch praktizierende Russin Helena Blavatsky (1831—1891) zusammen mit dem Amerikaner Henry Steel Olcott in den USA die sog. „Theosophische Gesellschaft“. Ihr Ziel war, den Wahrheitskern und das Gemeinsame in allen Religionen zu entdecken und es zu verbinden mit dem noch verborgenen, aber aufzuhellenden Urwissen der Menschheit, mit den magischen Kräften der Menschen und mit den bekannten und noch unbekannten Naturgesetzen. Daraus sollte eine neue, einheitliche Weltreligion entstehen. Kurz darauf wurde der Hauptsitz der Gesellschaft nach Adyar in Madras (Indien) verlegt, wodurch der buddhistische und hinduistische Einfluß immer stärker wurde

[35] Vgl. zu diesem Abschnitt: H.-D. Leuenberger, aaO. 112—123. 174f; H.-J. Ruppert, aaO. 24—36; H. Reller/M. Kießig (Hg.), Handbuch Religiöse Gemeinschaften (im Auftrag der VELKD), Gütersloh ³1985, 371—385.

[36] So der Theosoph Franz Hartmann (1838—1912), zitiert nach H.-D. Leuenberger, aaO. 174.

und die christlichen Fragmente mehr und mehr verdrängte. So kam es auch zu einer ersten Abspaltung im Jahr 1897 durch Franz Hartmann, der die „Internationale theosophische Verbrüderung“ in Deutschland gründete und stärker christlich-abendländisches (d.h. rosenkreuzerisches) Gedankengut einbaute. Ein neuerlicher Bruch entstand 1913, als sich Rudolph Steiner (1861—1925) von der theosophischen Gesellschaft, deren Generalsekretär er von 1902—1913 war, trennte und seine „Anthroposophische Gesellschaft“ ins Leben rief. Einer der Hauptgründe dieser Trennung war, daß die Nachfolgerin von H. Blavatsky, Annie Besant (die übrigens auch Präsidentin des indischen Nationalkongresses war) und ihr Mitarbeiter C. W. Leadbeater einen 13jährigen Hindujungen als wiedergeborenen Jesus ansahen, ihn zum Weltheiland kürten und auch daraufhin erzogen; diesen Kult konnte Steiner nicht mehr mitvollziehen[37]. Ab den vierziger Jahren zersplitterte die theosophische Gesellschaft in immer kleinere Gruppen und Sekten, so daß sie organisatorisch keine große Bedeutung mehr hat. Um so stärker wirkt ihr Gedankengut in den heutigen New-Age-Gruppen nach.

Eine unmittelbare Beziehung zwischen dieser Theosophie und der gegenwärtigen New-Age-Theorie dürfte über die Engländerin Alice Anne Bailey (1880—1949) laufen, die selbst zum innersten Kreis der theosophischen Gesellschaft der Adyar-Provenienz gehörte[38]. 1923 machte sie ihre eigene esoterische „Arkanschule“ auf und veröffentlichte in vielen Büchern theosophische Geheimlehren. Seit den dreißiger Jahren gründete sie verschiedene Gruppen und Organisationen, in denen bis heute die Botschaft vom „Neuen Zeitalter des Wassermanns“, von der endgültigen Wiederkunft Christi und der neuen Welteinheitsreligion verbreitet wird.

[37] Nebenbei bemerkt: Als erwachsener Mann hat dieser indische Junge dann aus eigenem Entschluß darauf verzichtet, die ihm zugedachte Rolle zu spielen.

[38] Vgl. H.-J. Ruppert, aaO. 29ff.

Bei dieser „Wiederkunft Christi" geht es nicht darum, die Menschen von ihrer Schuld zu erlösen, sondern um „ein weiteres Mal zu zeigen, wie sie sich selbst retten können"[39]. Für diesen Weg der Selbsterlösung entwirft A. Bailey einen besonderen Einweihungs- und Meditationsweg, durch den eine „Lichtbrücke" (= „Regenbogen" — ein zentrales Symbol der New-Age-Bewegung!) zwischen dem normalen Selbstbewußtsein des Einzelnen und dem wahren, höheren, göttlichen Selbst in ihm aufgebaut werden soll. Auf dieser Brücke können dann geistig-göttliche Energien in das alltägliche Leben des Menschen, in sein Denken und Handeln eindringen und es umformen.

c. Die Hauptgedanken der neuzeitlichen Theosophie[40]:

(1) Wie kommen die Theosophen zu ihrem Geheimwissen? Neben der „Erleuchtung", d.h. der Anschauung des göttlichen Selbst im eigenen Ich, spielen die sog. „Meister" eine große Rolle, konkret die „große weiße Bruderschaft der aufgestiegenen Meister". Das sind die Geister von bedeutenden Menschen, die dem Zyklus der Wiedergeburten entwachsen sind (weil sie alles „Karma", alles Nicht-Geordnete in ihren verschiedenen Leben aufgearbeitet haben). Diese Geister stehen am Ende ihrer Wiedergeburten auf einer höheren, rein geistigen Ebene, wo sie sich in einem weiteren Lern- und Vollendungsprozeß befinden. Einige dieser Geister nun verzichten aus Liebe zu den Menschen auf ihre eigene transzendente Weiterentwicklung und bleiben in der irdisch-menschlichen Sphäre, um den Menschen bei ihrer Entwicklung zu helfen. Deswegen werden sie „Meister" genannt. Sie bedienen sich dazu eines

[39] Zitiert nach H.-J. Ruppert, aaO. 31.
[40] Nach den Hauptwerken von H. Blavatsky: „Die entschleierte Isis" (1977) bzw. „Die Geheimlehre" (1889—1901); nach Franz Hartmann, „Die weiße und schwarze Magie" (1894). Ich folge hier der Darstellung von H.-D. Leuenberger, aaO. 114ff.

Körpers, um mit den Menschen direkt in Kontakt zu treten und ihnen ihr Wissen mitzuteilen. Manchmal wird in der Esoterik angenommen, daß solche Meister in unzugänglichen Gegenden leben, z.B. in der Bergwelt des Himalaya; sie seien im Besitz des sagenhaften „Buches Dzyan", dessen Auslegung H. Blavatsky in ihrer „Geheimlehre" darbietet. „Jeder dieser ‚Meister' hat einen bestimmten Bereich, seine Spezialität also, und vertritt diesen Bereich der Menschheit gegenüber mittels einer Energievibration, die Strahl genannt wird. Die Theosophen kennen sieben Strahlen, die durch je einen Meister regiert werden" (z.B. Wille und Macht, Liebe und Weisheit, Aktivität und Anpassung usw.)[41]. Diese „Strahlen" gelten als Kraftströme, in denen durch die Meister die Kräfte der sog. „Göttlichen Hierarchie" (an ihrer Spitze der „Universelle bzw. Kosmische Logos") zu den Menschen gelangen und umgekehrt die Menschen zum Göttlichen, d.h. zu dem wahren, innersten Selbst finden können. H. Blavatsky empfing ihre „Botschaften" auch von zwei solchen Meistern, die den 2. Strahl (Liebe — Weisheit — Philosophie) regieren, und zwar auf brieflichem Weg (was sich später als Trick herausstellte und H. Blavatsky zur Abreise aus Indien nötigte).

(2) Im Hintergrund dieser Auffassungen steht eine bestimmte Form der *Evolutionslehre:* Jedes existierende Wesen beginnt sein Dasein auf einer sehr niedrigen Entwicklungsstufe (z.B. als Stein), um im Laufe von Millionen Jahren aufzusteigen über das Pflanzenreich und das Tierreich zum Menschenreich. Das ist natürlich nur durch eine Menge von *Reinkarnationen* möglich, die auch im Stadium des Menschenreiches nicht abgeschlossen sind. In immer neuen Wiedergeburten verfeinert der Mensch, genauer: der göttliche, unsterbliche „Funke des Absoluten" in ihm seine Fähigkeiten, steigt auf höhere Bewußtseinsstufen auf und bringt die bleibenden Unordnungen seiner jeweiligen

[41] AaO. 115.

Lebensepochen immer mehr in Ordnung. Das hängt mit seinem „Karma" zusammen, dem Gesetz von Ursache und Wirkung, wonach von allem, was der Mensch tut, eine Energiemanifestation als Wirkung im Kosmos zurückbleibt. Deswegen müssen auch die von ihm hinterlassenen „Disharmonien" zunehmend in Ordnung gebracht, d.h. an die kosmische Harmonie angenähert werden. Am Ende dieser langen Entwicklung einer zunehmenden Vergeistigung und Vergöttlichung kann der Mensch dann, wenn er endgültig sein Karma aufgearbeitet hat, auf eine, das Irdisch-Materielle transzendierende Ebene aufsteigen und sich dort auf eine neue, geistige, dem Göttlichen immer näher kommende Weise weiterentwickeln. Das Ziel ist erreicht, wenn der Mensch zu seinem Ausgangspunkt zurückgekehrt und wieder ganz und gar eins geworden ist mit dem Göttlichen.

(3) Die Evolution zum Göttlichen ist die Umkehrbewegung der *Emanation* aller mikro- und makrokosmischen Erscheinungsformen aus dem Absoluten heraus. Es gibt deswegen im Tiefsten keine voneinander verschiedenen, eigenständigen Wesenheiten (das wäre „Maya", Illusion, Schein), sondern nur eine große All-Einheit des Seins: „Das Göttliche und das Menschliche sind ihrem Wesen nach nicht unterschiedlich, sondern Äußerungen ein und desselben Prinzips auf verschiedenen Ebenen."[42] Von daher kann es auch keine tote Materie geben, sondern alles ist lebendig, alles hat — auf verschiedener Ebene — Bewußtsein, alles trägt in sich den Funken des Absoluten, die „Überseele". Dieses Absolute, das mit Gott identifiziert wird, ist „uferloser Raum und ewige Wesenheit, eine ‚Einheit ohne Beziehung', also ohne Vorstellung von Selbst ... Es ist die ‚wandellose Grundlage aller Dinge'" (nach Franz Hartmann)[43], also vergleichbar dem absolut „Einen" bei Plotin.

[42] AaO. 119.

[43] Zitiert nach: H. Reller/M. Kießig (Hg.), Handbuch, aaO. 376 (vgl. Anm. 35).

(4) Als Emanation des Absoluten ist der *Kosmos ewig*, und zwar in der Weise unendlich vieler Zyklen von Universen, die „kommen und gehen wie Ebbe und Flut, wie der Wechsel von Tag und Nacht, Leben und Tod, Wachen und Schlafen"[44]. Da der Mensch als Mikrokosmos alles in sich enthält, was auch im großen Kosmos ist, ist auch sein Leben grundsätzlich dem zyklischen Rhythmus des ewigen Werdens und Vergehens unterworfen. Allerdings kann er kraft seines Bewußtseins und seiner Selbstreinigung gleichsam spiralförmig immer höher hinaufsteigen (bzw. in sich hinein, in die eigene Tiefe hinabsteigen) und so in den Urgrund aller Dinge, in Gott zurückkehren. Auch hier wird offensichtlich das alte, neuplatonische Egressus-Regressus-Schema wieder aufgegriffen. Auf die Unvereinbarkeiten dieser theosophischen Traditionen mit dem christlichen Glauben werden wir im III. Kapitel näher eingehen.

Wie stark solche Gedanken jedoch in der Heilslehre des New Age wieder aufgegriffen werden, kann ein längerer Text von Erich Jantsch zeigen, den wir zum Abschluß dieses Teils zu Wort kommen lassen (E. Jantsch ist Astrophysiker und stammt aus der Schule des Nobelpreisträgers Ilya Prigogine; er gehört zu den Mitbegründern des Club of Rome):

„Wir stehen am Beginn einer neuen großen Synthese. Naturgeschichte, unter Einschluß der Menschengeschichte, kann als Geschichte der Organisation von Materie und Energie verstanden werden. Sie kann aber auch als Organisation von Information in Komplexität aufgefaßt werden. Vor allem aber kann sie als Evolution von Bewußtsein — das heißt von Autonomie und Emanzipation — und von Geist aufgefaßt werden. Geist erscheint nun als Selbstorganisations-Dynamik auf vielen Ebenen, als eine Dynamik, die selbst evolviert. In dieser Hinsicht ist Naturgeschichte immer auch Geistesgeschichte. Selbsttranszendenz, die Evolution evolutionärer Prozesse, ist geistige Evolution. Sie

[44] Ebd.

spielt sich nicht im Vakuum ab, sondern manifestiert sich in der Selbstorganisation materieller, energetischer und informationeller Prozesse. Damit wird jener Dualismus zwischen Geist und Materie aufgehoben, der das westliche Denken in seinen Hauptströmungen mehr als zwei Jahrtausende lang geprägt hat.

In der Selbsttranszendenz, der Erschließung neuer Ebenen von Selbstorganisation — neuer geistiger Ebenen —, orchestriert sich Bewußtsein immer reicher. Im Unendlichen fällt es mit dem Göttlichen zusammen. Das Göttliche aber manifestiert sich dann weder in personaler noch sonstwie geprägter Form, sondern in der evolutionären Gesamtdynamik einer vielschichtigen Realität.

Im Buddhismus, der umfassendsten Prozeßphilosophie und -religion, steigt kein dualistisch gesehener Gott auf die Erde herab, wie in den monotheistischen Religionen des Christentums und des Islams. Gautama Buddha war ein Mensch, der sich auf vollkommene Weise — und nicht ohne zu leiden — selbst verwirklichte und damit ans Göttliche heranreichte. Die Menschheit wird nicht von einem Gott erlöst, sondern aus sich selbst heraus. Wie C. G. Jung (1962) es am Ende seines Lebens ausgedrückt hat, kann es sich auch für uns nicht mehr um den dualistischen Gegensatz zwischen Gott und Mensch handeln, sondern nur um die immanente Spannung im Gottesbegriff selbst, wie sie sich in der Mandala des Mystikers Jakob Böhme in den ‚Rücken an Rücken' stehenden Kreishälften ausdrückt. Dieses innere Ungleichgewicht, die glorreiche Unvollkommenheit des Lebens, ist das Wirksamkeitsprinzip der Evolution. Die Gottesidee steht hier nicht als ethische Norm über und außerhalb der Evolution, sondern wird echt mystisch in die Entfaltung und Selbstverwirklichung der Evolution selbst hineinverlegt. Hans Jonas (1969) hat dieser evolutionären Gottesidee den vielleicht großartigsten Ausdruck verliehen in seinem Gedanken, daß Gott sich in einer Abfolge von Evolutionen immer wieder selbst aufgibt, sich in ihr transformiert mit allen Risiken, die Unbestimmtheit und freier

Wille im Spiel evolutionärer Prozesse mit sich bringen. Gott ist also nicht absolut, sondern er evolviert selbst — er ist die Evolution. Da wir aber die Selbstorganisations-Dynamik jedes Systems seinen Geist genannt haben, können wir nun sagen, Gott sei zwar nicht der Schöpfer, wohl aber der Geist des Universums.

Im menschlichen Bereich aber bedeutet eine solche neue Synthese Hoffnung anstelle von Furcht, das Ende der Entfremdung des Menschen von einer Welt, deren immer schnellerer Wandel zur kafkaesken Bedrohung geworden ist und dabei doch nur den Menschen selbst zum Motor hatte. Die neue Synthese gibt dem menschlichen Leben tiefen Sinn. Sinn entsteht aus der Erkenntnis von Verbundenheit. Fragen wir jemanden nach dem Sinn seiner Ambitionen, seines Hetzens und Raffens, so heißt es oft, nicht für sich selbst, sondern für die Kinder tue man das alles. Dies ist ein Akt der Selbsttranszendenz. Ein weitergehender Drang nach Sinn visiert Generationsfolgen, Völker, Kulturen, die Evolution der gesamten Menschheit, ja vielleicht sogar des ganzen Universums an. Das Bedürfnis nach Sinn erweist sich als mächtiger autokatalytischer Faktor in der Evolution des menschlichen Bewußtseins — und damit in der Evolution der Menschheit und des Universums. Diese Verbundenheit unserer eigenen Lebensprozesse mit der Dynamik des allumfassenden Universums war bisher nur mystischem Erleben zugänglich. In der neuen Synthese wird sie Teil der Wissenschaft, die sich dadurch selbst dem Leben näher verbindet.

Dieses Gefühl des Eingebettetseins in eine universale, zusammenhängende Dynamik sollte uns nicht nur die Furcht vor dem eigenen biologischen Tod nehmen, sondern auch jene Furcht, die das ‚Überleben der Gattung' als höchsten Wert verteidigt. In der Selbsttranszendenz können wir nicht nur über uns selbst als Individuen, sondern auch über die Menschheit hinausgelangen. Mit der Fähigkeit zur Selbstreflexion sind wir der Geist eines seiner selbst sich bewußt werdenden Universums geworden — ob als ein-

zige Wesen oder in Gesellschaft anderer, ist dabei nicht so wichtig.
Unser Bemühen gilt letzten Endes nicht der genauen Kenntnis des Universums, sondern der Kenntnis der Rolle, die wir darin spielen — dem Sinn unseres Lebens. Das Selbstorganisations-Paradigma, das die Dimensionen der Verbundenheit zwischen allen Formen der Entfaltung einer natürlichen Dynamik offenlegt, steht im Begriff, die Erkenntnis eines solchen Sinnes wesentlich zu vertiefen."[45]

Exkurs: Esoterisches Christentum: „Universelles Leben" (= „Heimholungswerk Jesu Christi")

Esoterik und New Age üben auch auf Christen eine zunehmende Faszination aus. An einem konkreten Beispiel möchte ich zeigen, wohin jedoch eine unkritische, allzu harmonisierende Verbindung von Christentum und New Age/Esoterik führen kann. Es ist die — früher unter dem Namen „Heimholungswerk Jesu Christi" bekannte — Gemeinschaft der „wahren Christusfreunde" bzw. des „Universellen Lebens" bzw. der „Geist-Christus-Kirche"[1]. Im Augenblick scheint in unseren Breiten diese Gemein-

[45] E. Jantsch, Die Selbstorganisation des Universums, DTV, München ²1984, 411—415 (zitiert nach H.-J. Ruppert, aaO. 128—130).

[1] Vgl. dazu H. Reller/M. Kießig (Hg.), Handbuch Religiöse Gemeinschaften, aaO. 464—485. Diese ausgezeichnete Darstellung stützt sich auf Originalschriften des „Heimholungswerkes", z.B. W. Hofmann, Ein ehemals geistig unwissender Mensch auf dem Pfad zu Gott. Der Lebensweg der Prophetin im Heimholungswerk Jesu Christi — zugleich ein Erkenntnisweg für alle Suchenden, Würzburg 1980; oder: Die 10 Thesen des Heimholungswerkes Jesu Christi, Würzburg 1982/83; Das Heiligtum, der Sitz Gott-Vaters/Die himmlische Sphäre und ihre Ordnung, Würzburg 1980; Der Göttliche Schulungsweg im Heimholungswerk Jesu Christi, verschiedene Ausgaben, Würzburg 1981 u.a.m.

schaft den größten Einfluß innerhalb des religiös-theosophisch-esoterischen Bereiches der neuen Weltanschauung zu haben. An Ostern 1987 hat sie etwa 5000 Anhänger und Interessenten zu einem großen, mehrtägigen Osterfest in der Frankfurter Festhalle versammeln können. Vor allem im Fränkischen (von Würzburg ausgehend) gewinnt sie zunehmend an Bedeutung und Anziehungskraft.

a. Zur Geschichte dieser Gemeinschaft

1977 trat sie zum erstenmal an eine größere Öffentlichkeit, und zwar durch die Veröffentlichung von sog. „Offenbarungen", die Jesus Christus einer Prophetin namens Gabriele Wittek aus Würzburg gegeben habe. In all diesen „Offenbarungen" geht es um die „wahre Weltreligion Jesu Christi", die eine innere Religion sei, frei von allen Institutionen, Traditionen, Dogmen, Riten und Normen. Eine ausgesprochen kirchenkritische Spitze durchzieht alle Verlautbarungen dieser Gruppe. Durch das prophetische Wort der G. Wittek gebe Jesus Christus sich unmittelbar jedem kund, zeige ihm direkt den Weg zum Heil (indem er jeden fähig mache, selbst das innere Geist-Wort zu vernehmen) und gründe so die prophetische Urkirche neu, eben die „innere Geist-Christus-Kirche". Dadurch werde die Welt jetzt endgültig von Christus „heimgeholt" in ihre Erlösung.
Aus der *Vorgeschichte* dieser Sekte ist festzuhalten, daß Gabriele Wittek über längere Zeit hin Erscheinungen ihrer 1970 verstorbenen Mutter erlebt, innere Stimmen hört und von schweren Träumen gequält wird. Sie schließt sich daraufhin einem spiritistischen Zirkel an. Die inneren Stimmen werden häufiger, sie fühlt sich darin von Jesus Christus, aber auch vom Hl. Geist, von Engeln (z.B. Bruder Emanuel) und neuestens sogar von der göttlichen Schöpferkraft („All-Vater") in seelisch spürbarer Weise (z.B. als Feuer und Energie) erfüllt und angesprochen. Darin erfährt sie ihre Berufung, das unmittelbare Sprachrohr Jesu Christi

zu werden, um seine Botschaft öffentlich zu verkünden. 1979 schließt sich dem inzwischen aus mehreren solcher spiritistischen Gebetskreise entstandenen „Heimholungswerk Jesu Christi" ein Fachhochschulprofessor aus Würzburg, Walter Hofmann, an, der durch Bücher, Broschüren und Vorträge viel zur Verbreitung des Werkes beiträgt und auch als ehemaliger Lehrer der transzendentalen Meditation Elemente asiatischer Religiosität einbringt.
Das Leben dieser Gemeinschaft, die aus einem festen Stamm und einer wachsenden Zahl von Sympathisanten besteht, vollzieht sich in wöchentlichen Gottesdiensten, Gebetskreisen, Offenbarungsveranstaltungen mit der Prophetin (sog. „Großoffenbarungen"), Vortragsreihen, Kassettenversand mit den Botschaften der Prophetin, Meditationskursen, Jugendarbeit, Zusammenkünften zum Heilen, Lebens- und Sterbehilfe, sozialen Aktivitäten, in Handwerksbetrieben, in einem Modell-Bauernhof, in einem Hotel in Würzburg und in geplanten „Christus-Läden", „Christus-Schulen", „Christus-Kliniken" (Naturheilzentren). Auch kultische Veranstaltungen spielen eine Rolle, bei denen Musik, Tanz, Heilen und Offenbarungen im Vordergrund stehen (z.B. beim Osterfestival 1987 in der Frankfurter Messehalle).

b. Zu ihrer Lehre

Ohne Übertreibung oder Diskriminierung kann man sagen, daß für einen (noch so interessierten) Außenstehenden die aus den „Offenbarungen" der G. Wittek entwickelte *Kosmogonie* schlechthin unverständlich wirkt[2]. Sie stellt eine phantastische Mischung dar aus naturwissenschaftlichen Hypothesen über den Anfang des Universums („Urknall", Entstehen von „Supernovas" usw.), aus alten Schöpfungsmythen (Polarität zwischen Vater- und Mutterprinzip, zwi-

[2] Vgl. Handbuch, aaO. 471ff.

schen dem Prinzip des Positiven und des Negativen) und aus gnostisch-christlichen Emanations-, Engel- und Sündenfalltheorien („vier Himmelssöhne", Seraphim und Cherubim, „Satana" — das weibliche Erstgeschöpf Gottes, sein eigenes, innerstes „Negativ", sein Dual, identisch mit „Luzifer"; aus der Verbindung zwischen beiden wird Christus, der erste „Kindgedanke" Gottes, gezeugt und geschaffen usw.). Ein Beispiel dieser reichlich abstrusen, in den gutgemachten Prospekten jedoch meist verschwiegenen „Schöpfungstheorie" und „Christologie": „Nun aber sei noch der ‚erste Kindgedanke', der schon geschaut war, als weder Urzentralsonne noch alles andere war, zu verwirklichen. Da habe ‚Vater Ur' gesprochen: ‚O ewiger Sehnsuchtsstrahl meiner Brust, ich befehle dir, trete heraus aus meinem Wesen und gebäre dich in sie (weiblicher Engel, Dual) ein. Denn derjenige, so sprach die hehre Majestät weiter, der aus der Urzentralsonne, aus mir und dir, meinem Dual, hervorgeht, ist gezeugt und zugleich geschaffen' ...
In der Urzentralsonne nahm nun eine Feuersäule Gestalt an. Lichtspektren traten aus, die nicht in die zweiten Ursonnen, ‚sondern in das Negativ (Dual) Gottes eindrangen'. ‚Das Negativ erbebte bei dieser Lichtberührung und blickte zuerst erschrocken, dann ahnend, voller Liebe ihrem Dual, Gott-Vater, ins Antlitz. Aus seinem Antlitz flossen noch die wahrgenommenen Ströme von wissender Zärtlichkeit und Liebe. Dieses Wonnelicht umkleidete sein Negativ, das ganz nahe an Gott-Vater herantrat. Das hervortretende Wonnelicht und die aus der Urzentralsonne hervorbrechenden Strahlen drangen in das leicht zitternde, doch in Wonne glühende Dual ein'.
Auf diese Weise sei der *Christus* zugleich geschaffen und gezeugt. In immer weiteren Emanationen, Schaffungen und geistigen Zeugungen seien der ganze *Kosmos*, die Planetenbahnen u.a. durch einen Reigentanz der göttlichen Familie entstanden."[3]

[3] AaO. 472 (mit wörtlichen Zitaten aus: „Das Heiligtum, der Sitz Gott-Vaters..." aaO. 21ff).

Wichtiger als diese Spekulationen scheint mir der folgende Punkt zu sein, nämlich daß das HHW (= „Heimholungswerk") mit zentralen christlichen Begriffen arbeitet, ihnen aber einen völlig unchristlichen, nämlich gnostisch-esoterischen Sinn unterschiebt. Zusammen mit einer Kirchenkritik aus den liberalen Traditionen der bürgerlichen Aufklärung gewinnt dieser „vergeistigte" Gebrauch christlicher Termini heute eine erhöhte Plausibilität. Das gilt z.B. für den Begriff der *Erlösung.* Nach der Lehre des HHW kann und muß jeder Mensch einen gestuften Weg zum Heil gehen, der ihm im HHW eröffnet wird. Er besteht zunächst aus drei Vorbereitungsstufen (z.B. verschiedene Formen der Meditation, die Harmonisierung des Körpers, die Entbindung der Selbstheilungskräfte, die Selbstverwirklichung durch Bewußtwerden der sieben Bewußtseinszentren) und führt dann über einen siebenstufigen, auf jeden einzelnen abgestimmten Pfad der Belehrung durch das „Innere Wort des Geistes" zum Ziel des Lebens. Dieses besteht — in gut gnostischer Tradition — darin, vom Glaubens-Christ zum „Wissens-Christ", ja, Christus selbst zu werden, d.h. „zu einem die ewigen Welten schauenden Asketen-Christen im All-Vater-Bewußtsein der unio mystica"[4]. Die Erlösung geschieht also durch zunehmende „Vergeistigung, Verfeinerung und Durchlichtung"[5] der unteren, materiellen und teilmateriellen Bereiche, wodurch sie sich nach oben, zum Licht hinaufarbeiten. Dieser Weg ist allerdings ein unausweichliches Gesetz für jedes Seiende und für jede Seele; die Eingeweihten (Gnostiker!) nehmen einfach bewußt voraus, was einmal allen Wesen zuteil wird. Nachdem nämlich Luzifer seinen Fall schon längst bereut und Christus auf Golgotha die Rückführung aller Wesen begonnen habe, wird am Ende die Heimholung der Welt im großen Stil vollzogen, und zwar in einer Art Entrückung auf Raumschiffen oder „Strahlengleitern", mit Hilfe von „Brüdern anderer

[4] So W. Hofmann, zitiert im Handbuch, aaO. 474.
[5] AaO. 483.

teilmaterieller Sonnensysteme“[6], hinauf in die rein geistige, d.h. feinstoffliche Licht-Welt Gottes, die auf fernen göttlichen Wohnplaneten vorgestellt wird: „Der Palast Gott-Vaters ist, wie alle Bauwerke, eine geistige Ätherverdichtung, durchstrahlbar und geistig atmungsaktiv“[7], vergleichbar den Baustilen der Renaissance, des Barock oder der Gotik usw.

In ähnlicher Weise wird auch das christliche Gottes- und Christus-Verständnis umgedeutet: *Gott* ist ein unpersönlicher „Ur-Vater“, der „seinen eigenen Gesetzmäßigkeiten entsprechend sich in Positiv und Negativ, in Grobstoffliches und Feinstoffliches ausfaltet und letztlich diese Entstellung wieder in sich zurücknimmt“[8]. Die Welt ist dementsprechend auch nicht das Werk einer schöpferischen Liebe, sondern das Ergebnis eines gesetzmäßigen Prozesses der Selbstentfaltung, Manifestation, Emanation der geistigen Urenergie, des „Allgeistes“.

Christus wird (abgesehen von seiner kosmogonischen Entstehung) als Lehrer und Inspirator des Neuen Bundes verehrt; d.h. durch sein Leben und Sterben ist er den Stufenweg zur Vereinigung mit Gott beispielhaft vorausgegangen. Dadurch hat er in jeder Seele das Selbstbewußtsein des „Ich bin“ geweckt, so daß sie seinen Weg nachgehen kann. Er ist das propädeutische Modell der von jedem Menschen selbst zu leistenden Erlösung. Von der christlichen Überzeugung, daß Erlösung im realen Hineingenommenwerden des Menschen in die Liebe zwischen Vater und Sohn bestehe, bleibt nichts mehr übrig. Zudem wird die Bedeutung Christi erheblich relativiert durch die hohe Stellung der Prophetin, die über ihn hinaus die Lichtschwingungen des „Allvaters“ in sich erfährt und kundgibt. Dementsprechend ist auch der *Hl. Geist* nicht die Gabe der personalen Liebe Gottes (zwischen Vater und Sohn), sondern eine spiritistische, fein-

[6] AaO. 474 (nach W. Hofmann).
[7] AaO. 472.
[8] AaO. 483.

stoffliche Energie, die sich im „Inneren Wort", d. h. in einer psychisch-auditiven Weise wahrnehmen läßt. So ist es nur konsequent, daß das Wort der *Hl. Schrift* auch nur sehr eingeschränkt und selektiv in Geltung bleibt. So werden z. B. das Alte Testament und Paulus stark kritisiert; auch müsse man den Wortlaut der Bibel „sinngemäß", d. h. dem „Inneren Wort" entsprechend verstehen (und nicht umgekehrt wie im Christentum!). *Kirche* wird ebenfalls nicht verstanden als „Gemeinschaft der Glaubenden", sondern als eine lockere Bewegung, die auf dem Wort der Prophetin aufbaut, den Weg der Reinigung und Erlösung der Seele lehrt, um die von Christus begonnene Rückführung der Welt zu Gott in Gang zu halten.

Die gegenwärtige Anziehungskraft dieses esoterischen Christentums dürfte — neben seiner kritischen Einstellung gegenüber allen kirchlichen Institutionen[9] — einmal in der sinnlich-plastisch-spiritistischen Ausmalung der transzendenten Welt Gottes liegen, die sich von dem vielleicht allzu abstrakten christlichen Gottesbild unserer Theologie abhebt. Zum anderen wohl auch in der „geoffenbarten" Erlösungsgewißheit für die ganze Welt und jeden einzelnen in ihr; dies enthebt den Menschen der christlichen Ungewißheit des offenen, vom Glauben und der Liebe abhängigen Ausgangs unserer irdischen Geschichte im ganzen und der Lebensgeschichte jedes einzelnen Menschen. Ein dritter Grund wird schließlich in der zielsicheren Einweisung in einen Weg der Selbsterlösung liegen, der mehr „Boden unter den Füßen" verheißt als das „Versprechen" der Gnade und Barmherzigkeit eines liebenden Gottes, dessen „Tragfähigkeit" ich eben nur im vorbehaltlosen „Mich-ver-lassen" erfahren kann.

[9] Gerade hier erhebt sich eine selbstkritische Frage an uns Christen: Nicht nur, ob wir „Kirche" anziehend und evangeliumsgemäß vorleben, sondern auch, wem wir heute ungewollt durch unsere oft so unbedachte und lieblose Kirchenkritik in die Hände arbeiten?! Öffentliche Kritik an den Strukturen der Kirche hat auf Dauer wirklich nur Sinn, wenn man zugleich damit einen Lebensraum in der Kirche anbietet, in dem der Glaube besser leben kann.

III. Theologische Auseinandersetzung mit New Age und Esoterik

1. Sympathie mit bestimmten Anliegen

Vor dem kritischen Diskurs möchte ich der Frage nachgehen, ob es nicht doch in einigen *Grundanliegen* zu einer Verständigung zwischen dem christlichen Glauben und der New-Age-Bewegung kommen kann[1]. Der klaren Abgrenzung in inhaltlichen Aussagen widerspricht ja keineswegs eine gewisse Übereinstimmung in bestimmten Absichten. Eine solche Würdigung der Intentionen kann auch zu einer heilsamen *Gewissenserforschung* für uns Christen beitragen: Was tun wir von unserem Glauben her, um den berechtigten Anliegen, Fragen, Bedürfnissen, Hoffnungen vieler Menschen heute gerecht zu werden? Was können wir tun, um ihnen besser gerecht zu werden als die New-Age-Bewegung?

Anderseits brauchen wir uns aber auch nicht jeden Schuh anzuziehen, der uns kritisch von dieser Seite angeboten wird. Der christliche Glaube und die Kirche sind nicht einfach für die Befriedigung all dessen zuständig, was man heute „religiöse Bedürfnisse" nennt und worunter sich oft genug die Lust am Okkulten, an unseriöser Parapsychologie und an allen möglichen mysteriösen Phänomenen mischt. Das Christentum verkündet die Botschaft von dem sich in Jesus Christus selbst verschenkenden Gott; es sieht allein in der glaubend-hoffend-liebenden Annahme dieses Geschenkes

[1] Sehr weit geht auf diesem Weg G. Schiwy in seinen Veröffentlichungen: Auf der Suche nach der verlorenen Einheit, in: Börsenblatt für den deutschen Buchhandel 16, Theologie, 24. 2. 1987, 502—510; ders., Der Geist des neuen Zeitalters. New-Age-Spiritualität und Christentum, München 1987; viel kritischer dagegen: J. Sudbrack, Neue Religiosität, Mainz 1987 und die in der Einleitung genannten Schriften von H. J. Ruppert und H. Baer.

das Heil für den einzelnen, die universale Geschichte und die Schöpfung insgesamt („Reich Gottes"). Darin läßt sich vieles an konkreter, geschichtlich bedingter Ausgestaltung integrieren (z.B. Elemente der Volksfrömmigkeit, des religiösen Brauchtums, der Theologie und Spiritualität), aber eben nicht alles. Es gibt auch den nicht integrierbaren Aberglauben, der in direktem, sich gegenseitig ausschließendem Widerspruch zu diesem zentralen Geheimnis des Glaubens steht. Und davon muß das Christentum sich auch weiterhin deutlich abgrenzen, wenn es nicht selbst zu einer konturlosen und synkretistischen Volksreligion in der „Postmoderne" werden will. Die Hoffnung auf das Heil durch den Gekreuzigten durchkreuzt eben auch sehr viele religiöse Erlösungsträume.
Zunächst aber zu den gemeinsamen Grundintentionen mit NewAge. Die folgenden vier sind m.E. besonders hervorzuheben:

a. Die Einseitigkeit und Ausschließlichkeit einer rein zweckrationalen, der naturwissenschaftlichen Erkenntnismethode verpflichteten Sicht der Wirklichkeit, wie sie sich in der europäischen Neuzeit herausgebildet hat, ist vom christlichen Glauben und der Theologie her immer wieder in Frage gestellt worden. Warum? Durch die Absolutsetzung dieses Erkenntnis- und Wissenschaftsideals werden entscheidende Bereiche der Wirklichkeit, die nur einem ganzmenschlichen „Verstehen" zugänglich sind (etwa im Bereich der intersubjektiven Erfahrung, der sittlichen Verantwortung, der Ästhetik, der Psychologie, der Welt der Symbole, der Religion usw.) entweder ganz unterschlagen oder als unwichtig (weil unwissenschaftlich) abqualifiziert, d.h. aus der gesellschaftlichen Öffentlichkeit in die Beliebigkeit des Privaten abgedrängt. Die bedrohlichen Auswirkungen einer solchen Rationalität werden heute jedem überscharf deutlich. Insofern kann eine neue Sensibilität für ein umfassenderes, *alle* Erkenntniskräfte des Menschen einbeziehendes Erkennen der Wirklichkeit und den praktischen Umgang mit ihr nur begrüßt werden. In der christlichen Tradition wird dieses ganzheitliche Erkenntnisideal z.B. als „vernehmende Vernunft" bezeichnet.

b. Ebenfalls können wir als Christen die größere Wertschätzung der *Einheit* und *Ganzheit* in der Wahrnehmung unserer Wirklichkeit teilen. Die seit dem Deismus der Neuzeit auch in vielen christlichen Vorstellungen verbreitete, aber weit überzogene Trennung zwischen Gott und Welt, die Gottes Transzendenz, seine „überweltliche" Ferne betont, ohne in gleicher Weise den dialektischen Gegenpol der Immanenz Gottes (als der in allem „dabeiseienden Liebe") mit einzubeziehen, widerspricht dem biblischen Gottesbild. Ähnliches gilt von der neuzeitlichen Trennung zwischen dem Menschen als Subjekt („res cogitans") und der Natur als seinem Objekt („res extensa"), die sicher mit verantwortlich ist für ein Bewußtsein, das sich legitimiert weiß zu einer maßlosen technischen, industriellen und wirtschaftlichen Beherrschung und Ausbeutung der Natur. Daß dieses Denken schließlich auch zur Objektivierung des Menschen selbst durch den Menschen führte, daß also der Mensch ebenfalls zum reinen Objekt politischen, wirtschaftlichen, wissenschaftlichen, medizinischen usw. Handelns degradiert wurde, ist nur folgerichtig. Eine Umkehr von diesem Bewußtsein zu einer größeren Ehrfurcht vor dem Menschen, ja vor allem Leben und vor seinem unobjektivierbaren Geheimnis, verbunden mit einer praktizierten Solidarität mit allen Geschöpfen, liegt ganz im Sinn des christlichen Glaubens.

c. Dem Überdruß an einer rein konsumorientierten, materialistischen Lebenseinstellung stellt die New-Age-Bewegung eine „Spiritualität" entgegen, die auf das Bewußtwerden, auf die Aktuierung und den heilenden Einsatz der tiefsten, geistig-seelischen Dimensionen des Menschen abzielt. Selbsterfahrung und mit sich übereinstimmende Selbstverwirklichung (z.B. durch Meditation) kann dem Menschen aus seiner Veräußerlichung und Oberflächlichkeit heraushelfen. Auch für den Glauben selbst kann in solcher „Verinnerlichung" eine wichtige Hilfe liegen, insofern er sich ja weder in einem bloß äußerlich-wissensmäßigen Für-wahr-Halten von (unverstandenen und nicht mitvollzogenen) Glaubenssätzen erschöpfen darf, noch in einem bloß ritualisierten Mitmachen kirchlich-sakramentaler Vollzüge, oder schließlich in rein sozialer, karitativer oder politischer Aktivität. Das alles sind Gefahren, denen unser kirchlicher Glaube durchaus oft genug erliegt.

d. Angesichts der — gerade in intellektuellen Kreisen — verbreiteten zynischen Weltsicht, die allen Phänomenen, Ereignissen und Theorien in kritisch-spöttischer Distanz gegenübersteht; auch angesichts einer großen Zukunftsangst, die jedes Engagement entweder fanatisiert oder lähmt, möchte die New-Age-Bewegung wieder Perspektiven für die Zukunft aufzeigen, die Hoffnung und Einsatz wecken. *Wie* sie das tut, ist eine ganz andere Frage; aber *daß* sie es tut, daß sie gegen technokratischen Pragmatismus, gegen intellektuellen Zynismus, gegen resignierende Apathie angeht und vielen Verunsicherten wieder Mut für die zukünftige gesellschaftliche und persönliche Entwicklung macht, kann ich grundsätzlich nur gutheißen. Gerade darin sehe ich auch einen Hauptgrund für die Attraktivität dieser Theorien: Daß sie mitten in der undurchschaubaren Komplexität der modernen Gesellschaft und ihrer Zukunft ein Gefühl für Geborgenheit, Sicherheit und Sinn vermitteln. Aber genau da liegt umgekehrt auch ein erster Ansatz der Frag-würdigkeit dieser ganzen Konzepte. Ist es nicht ein irrationales Wunsch- und Traumkonstrukt, auf dem diese Hoffnung und ihre Zukunftsperspektive basiert? Aber was heißt hier „irrational"? Von welchem Maßstab der „Rationalität" aus kann so etwas richtig beurteilt werden? Bevor wir uns inhaltlich mit den zentralen New-Age-Ideen auseinandersetzen, muß erst einmal die Frage nach dem neuerdings sehr diskutierten Verhältnis von Rationalität und Irrationalität überhaupt gestellt werden.

2. Krise der Vernunft – Weg in einen neuen Irrationalismus?

Eine entscheidende Wurzel der New-Age-Bewegung liegt, wie wir anfangs sahen, in der Wahrnehmung der großen Überlebenskrisen der gegenwärtigen Menschheit, die als verschiedene Symptome einer einzigen Systemkrise angesehen werden. Der Kern dieser globalen Krise wird in dem sog. alten „Paradigma" des neuzeitlich-europäischen Bewußtseins gesehen, nämlich in der Verabsolutierung der zweckrationalen, objektivierenden, analysierenden, beherrschenden Vernunft. Vom Pathos der Aufklärung („Habe den Mut, dich deines Verstandes ohne Leitung eines anderen zu bedienen!") ist in der „Postmoderne" nicht mehr viel übriggeblieben. Statt dessen ergeht man sich ausgiebig in der (psychologischen und soziologischen) Kritik an den „Pathologien der Moderne" und ihres Vernunftglaubens[2]. Aber was wird als Alternative angeboten? Es scheint, daß in New Age die abgetakelte Rationalität z. T. „von ihren Vorgängern — Mythos und Gnosis — beerbt" wird[3]. Ob damit allerdings der Zukunft unserer Erde wirklich gedient wird, ist doch sehr zu bezweifeln. Die Komplexität unserer Wirklichkeit kann man nicht durch eine „neue" Naivität in den Griff bekommen. Bei aller Anerkennung vieler kritischer Einwände gegen das Versagen der neuzeitlichen Vernunft, bei aller Sympathie zu manchen Anliegen eines grundlegend neuen Bewußtseins, wird hier als Lösung oft zu viel an altem und neuem Aberglauben angeboten, z. B. in Astrologie und Esoterik, die die Idee der kosmisch-zyklischen Unausweichlichkeit der Wende und einen damit verbundenen Optimismus für die Zukunft propagieren,

[2] Vgl. dazu H.-J. Höhn, Krise der Moderne — Krise der Vernunft? In: ZkTh 109 (1987), 20—47 (hier auch eine reiche Auswahl an einschlägiger Literatur zu dieser Frage).

[3] AaO. 21.

ohne daß sie ausschließen können, daß dieses Umdenken nach einiger Zeit wieder in sein Gegenteil umschlägt; ebenso in der Theosophie, in den Heilslehren der „transpersonalen Psychologie“, in der Netzwerk-Theorie, durch die allein ja wohl kaum ungerechte Strukturen z.B. des Weltwirtschaftssystems aufgehoben werden können. Der Weg aus den Krisen der Gegenwart kann nicht durch eine Reduzierung und Diskriminierung der zweckrationalen Vernunft erfolgen; auch nicht durch eine bloße Addition zweier unverbundener Seiten (Vernunft im öffentlichen Leben und Gefühl im Privatleben), woraus sich keine handlungsfähige „Ganzheitlichkeit“ entwickelt[4]. Ich sehe die Chance eher in dem, was H. J. Höhn die „komprehensive Rationalität“ nennt[5], d.h. eine Vernunft, die auch das *Andere* der Vernunft (was mit den Begriffen Natur, Leib, Phantasie, Gefühl, Leben, Ästhetik, Transzendenz, Utopie usw. umschrieben werden kann) in ihr Vorgehen mit einbezieht, und zwar so, daß es nicht mehr unterdrückt, sondern in seiner nicht vereinnahmbaren Eigenart wahrgenommen, sein-gelassen und akzeptiert wird. Es geht dabei um den vernunftgemäßen Umgang der Vernunft mit dem Anderen ihrer selbst, um der Wirklichkeit in all ihren Dimensionen gerecht werden zu können. Ein solcher Umgang kann weder in der (bislang oft üblichen) reinen Negation des Anderen der Vernunft noch in der (heute oft proklamierten) Selbstabdankung der Vernunft bestehen (was eben leicht zu Unvernunft und Aberglauben führt), sondern in einer (dialogischen) Beziehung, die beide Seiten in ihrer *Unterschiedenheit* bewahrt und zugleich beide aneinander zu ihrer vollen Geltung und Entfaltung bringt.

Was heißt das? Nach H. J. Höhn kann sich diese Beziehung in einer dreifachen Weise realisieren:

[4] Vgl. Kl. Nientiedt, Ganzheitlichkeit, in: Herderkorrespondenz 41 (1987), 101—103.

[5] H.-J. Höhn, aaO. 32.

a. In der gegenseitigen *kritischen Korrektur:* Die rationale Vernunft läßt sich ihren falschen Absolutheitsanspruch kritisieren und hört auf, sich in einem selbstzerstörerischen Rationalismus zu verfangen. Umgekehrt hilft die Vernunft dem Anderen ihrer selbst, sich von Unvernunft, Willkür und Aberglaube abzugrenzen, die da anfangen, wo man das der rationalen Vernunft wirklich Zugängliche und Machbare auf andere („gefühlsmäßige") Weise angehen will. Keine Seite darf die andere in dem ihr eigenen Bereich ersetzen.

b. In der *Unterstützung* der theoretischen und praktischen Vernunft, ihre fundamentalen Aufgaben zu erfüllen, nämlich „Erschließung von Freiheit, Gewährung von Gerechtigkeit und Erhaltung der menschlichen Gattung"[6]. Dazu braucht der öffentliche Vernunftgebrauch, der ja (relativ bescheiden) auf die effektiven und realisierbaren Mittel zur Minderung des Unglücks und der Ungerechtigkeit, generell zur Schadensbegrenzung ausgerichtet ist, wesentlich das Andere der Vernunft; also z.B. „die politischen Utopien des Friedens, die philosophischen Fiktionen des Glücks, die ästhetischen Imaginationen von Sinn und die religiösen Verheißungen von Heil"[7]. Sie öffnen den Horizont der Vernunft über das oft pragmatisch eingeengte Hier und Jetzt („Sachzwänge", „Schadensbegrenzung") hinaus auf das ideale Ziel humanen Lebens.

c. In der *Anbindung* des Anderen der Vernunft an eben diese Vernunft; denn „erst in dieser Verbindung hören die Impulse des Utopischen, Fiktiven und Imaginären auf, zeit- und ortlos zu sein"[8]; sie bekommen darin ihren Realitätsgehalt als „regulative Ideen" vernünftiger Weltgestaltung und bleiben nicht im Raum einer unvermittelbaren, rein „utopischen" Hoffnung. Wenn in dieser Weise die neuzeitliche Rationalität mit dem neuen „Paradigma" versöhnt wird,

[6] AaO. 35.
[7] AaO. 36.
[8] AaO. 37.

kann daraus wirklich eine (einigermaßen) verläßliche Hoffnung für die Lösung der globalen Überlebensprobleme und damit für die empirische Zukunft unserer Erde geschöpft werden. So weit zu dieser philosophischen Vorüberlegung.

3. Zukunft: Hoffnung oder Optimismus

Wo liegen nun im Theologischen die wichtigsten Unterschiede und Unvereinbarkeiten zwischen New Age und dem christlichen Glauben? Diese neue Bewegung enthält ja so viele Elemente, die heute ausgesprochen plausibel und sympathisch wirken, so daß diese „sanfte Verschwörung" auch die Gefahr einer sanften „Umarmung" des Christentums in sich birgt. Deswegen bedarf es hier wirklich einer präzisen „Unterscheidung der Geister", um das spezifisch Christliche zu bewahren und gerade in dieser Auseinandersetzung erneut zu profilieren. Vom Synkretismus einer Einheitsreligion oder -weltanschauung halte ich nichts; denn der Preis dieser Einheit, die alles mit allem vereinbaren will, ist der Verlust der eigenen und besonderen, geschichtlich begründeten und gewachsenen Konturen. Ich ziehe demgegenüber die *Einheit des Gesprächs* zwischen den vielen verschiedenen Religionen oder religionsähnlichen Überzeugungen vor, die in der Toleranz gegenüber dem anderen zugleich die Entschiedenheit für das Eigene wach hält. Dadurch erst bleibt wirklich das *Gespräch* (auch das Streitgespräch!) zwischen verschiedenen Partnern am Leben, die alle etwas Eigenes beitragen, ohne sich im Einheitsbrei des kleinsten gemeinsamen Nenners zu vermischen.
Ein *erster* Unterschied zwischen New Age und christlichem Glauben liegt in der *Begründung* der Zukunftsvision. Die christliche Eschatologie zeigt, daß unsere Hoffnung auf eine geheilte Zukunft der Welt auf einem *Versprechen* beruht, das in der ganzen Schöpfung, besonders aber in der

jüdisch-christlichen Geschichte mit ihrem Höhepunkt in Jesus Christus ergangen ist[9]. Dieses Versprechen richtet sich auf ein universales Heilwerden unserer Wirklichkeit durch die endgültige, ungebrochene Teilhabe an der alles heilenden Liebe, die wir Gott nennen. Dieses Versprechen hat einen personalen Ursprung, eben die unendliche, in allem heilend dabeiseiende Liebe, die konkrete Gestalt angenommen hat im geschichtlichen Jesus; es hat zugleich einen personalen Adressaten, nämlich die Freiheit des antwortenden Menschen. „Heil" kann es für die Welt deswegen im christlichen Sinn nur geben, wenn diese beiden Pole der Heils-Geschichte in Freiheit übereinstimmen, wenn also konkret die Menschen einstimmen in die bereits gegebene, das Reich Gottes konstituierende Antwort Jesu auf das Versprechen des Vaters, sein Reich unter uns aufzurichten. Nur in dem Maße dieser Zustimmung wächst das Reich Gottes als der Raum der menschlich angeeigneten und ausgefalteten Liebe Gottes in unserer Welt. Ob diese Erde also zu einem immer deutlicheren „Gleichnis" des Reiches Gottes wird oder ob sie durch das Nein der Menschen verwüstet wird, hängt an der nicht abtretbaren Verantwortung der Menschen. Von daher bleibt im Christentum jeder innergeschichtliche Zukunftsoptimismus äußerst angefochten.

Aber auch die geschichtstranszendente Zukunft unserer Welt bleibt uns in dem konkreten Wie und im Ausmaß ihrer Vollendung verborgen. Das in Jesus Christus und in der „Gemeinschaft der Heiligen" konstituierte unzerstörbare Reich Gottes weitet sich eben nicht „naturdynamisch" ins Universale aus, so daß alles einmal ganz sicher „gerettet" würde. Wir haben keine *Sicherheit*, daß es so etwas wie „Hölle" *nicht* gibt, wohl aber die *Hoffnung*, daß das Zusammenspiel von Versprechen Gottes und menschlicher Antwort doch so universal gelingt, daß für nichts und niemanden ein endgültiges Unheil das letzte Wort sein wird.

[9] Vgl. dazu M. Kehl, Eschatologie, Würzburg 1986, 25ff.

Im New Age herrscht demgegenüber ein zielsicherer *Optimismus* für die Zukunft. Er gründet auf einer aller geschichtlichen Entwicklung und allem menschlichen Tun zugrundeliegenden Naturdynamik, eben der evolutiven Selbstorganisation des Universums. *Sie* ist die eigentlich treibende Kraft, die auf eine immer höhere Komplexität und Bewußtseinsstufe bis hin zum Göttlichen (d.h. einem unendlichen, alles einschließenden Bewußtsein) hindrängt. Diese stete Höherentwicklung vollzieht sich auf dem Grund allen Seins; die verschiedenen Evolutionsstufen im vormenschlichen Bereich und die freien Handlungen der Menschen sind *Manifestationen* dieser Grunddynamik, in denen sie sich ausdrückt; als solche besitzen sie aber kein letztlich eigenständiges Gewicht gegenüber dieser Dynamik. Das bedeutet: Die menschliche Freiheit besteht primär darin, in diesen grundlegenden Prozeß einzustimmen und ihn durch sich hindurch, durch das bewußte menschliche Tun weiterzubringen. Da diese Entwicklung jedoch schon immer im Gang ist, nützt es der menschlichen Freiheit letztlich nichts, sich ihr zu widersetzen, also zu versuchen, die Schritte einer weiteren Evolution und „Selbsttranszendenz" zu verhindern. Sie kann diese Entwicklung allenfalls verzögern, hemmen oder stören, aber nicht aufhalten. Das neue Zeitalter mit der versöhnten Einheit aller Gegensätze kommt — entsprechend dem kosmischen Rhythmus — auf jeden Fall, und zwar in absehbarer Zeit. Dieses „Gefühl des Eingebettetseins in eine universale, zusammenhängende Dynamik" (E. Jantsch, s.o.) auf Heil hin, das sicher kommen wird, ist der eigentliche Grund der Zuversicht und des Optimismus der New-Age-Anhänger.
Der Unterschied zur christlichen Hoffnung ist deutlich: Bei ihr spielt die Freiheit der Menschen mit ihrer Möglichkeit des Scheiterns für die zukünftige Gestalt des Reiches Gottes eine ganz entscheidende Rolle, und zwar sowohl für seine geschichtstranszendente Gestalt im Leben der Auferstehung wie auch für seine geschichtlichen Vorwegnahmen. Was wir hier nicht an Liebe Gottes angenommen und

weitergetan haben, fehlt auch der endgültigen Vollendungsgestalt, kann eben nicht „aufgehoben" werden in das ewige Leben der Liebe Gottes. Vor allem aber kann diese Freiheit in ihrem Nein gegen Gott innergeschichtlich so weit gehen, daß sie alles Leben und damit alle weitere Evolution des Lebendigen und des Bewußtseins auf dieser Erde abbricht. Diese Ambivalenz der Freiheit wird in unserer Hoffnung weder durch den „allmächtigen" Gott noch durch eine allmächtige Naturdynamik aufgelöst; sie bleibt der schmerzende Stachel im Fleisch unserer Hoffnung. Auch wenn unser Harmoniebedürfnis — gerade angesichts der immer wieder zu bewältigenden Konflikterfahrungen — noch so groß ist, dürfen wir seinetwegen nicht die Grundanfechtung der Hoffnung gleichsam von vornherein ausschalten; wir müssen um unserer eigenen menschlichen Würde willen die Last der Freiheit in ihrer ganzen Strittigkeit und Unabgeschlossenheit aushalten.

4. Gott: Liebe oder Weltgeist

Hier liegt ganz offensichtlich der entscheidende Differenzpunkt zwischen christlichem Glauben und der Weltanschauung des New Age. Vom Ansatz dieser Theorie her werden Gott und Welt prinzipiell als eine kosmische Einheit gesehen, wobei unter „Gott" das Lebensprinzip, der „Geist" des Universums verstanden wird; er ist die dem ganzen Universum innewohnende Kraft der evolutiven Selbstorganisation.

Im Grunde wird hier eine weitere Spielart des alten Pantheismus vorgelegt: Gott und die Welt sind im tiefsten miteinander identisch. Demgegenüber betont die christliche Theologie das dialektische, also sich gegenseitig begründende Verhältnis von Einheit und Verschiedenheit Gottes gegenüber der Welt. Als der absolut von ihr verschiedene, sie unendlich übersteigende Schöpfer ist er doch zugleich als der sie tragende, gründende Grund in ihr gegenwärtig. Die „Möglichkeitsbedingung“ dieser Dialektik des „Gott in/über der Welt“ liegt einzig und allein darin, daß dieser Gott personale *Liebe* ist. Das bedeutet: Er ist in sich selbst ein Geschehen („communio“) liebender Beziehungen, die sich zwischen einem „Ich“ („Vater“) und einem „Du“ („Sohn“) in der sie verbindenden *und* zugleich unterscheidenden Einheit eines „Wir“ („Hl. Geist“) abspielen. Der *eine* Gott (als dieses Geschehen der unendlichen Liebe) legt sich — gerade kraft dieser Liebe — in die *Verschiedenheit* ihrer Beziehungspole aus[10]. Wenn dem nicht so wäre, wenn Gott also nicht in sich selbst (auf analoge Weise) „Gemeinschaft“, „Freundschaft“, „Gespräch“ wäre, könnte man dann noch sinnvoll von *unendlicher Liebe* bei Gott sprechen? Denn ein beziehungsloses, ganz auf sich selbst Gerichtet-Sein ist doch wohl keine *Liebe*. Und eine Liebe, die die endliche Schöpfung braucht, um eine Beziehung eingehen zu können, wäre nun wirklich keine *un-endliche*, göttliche Liebe! Sie hinge ja ganz vom Bestand und Vergehen der endlichen Welt ab.

Weil Gott nun in sich selbst einende *und* unterscheidende Liebe ist, tritt er auch auf vergleichbare Weise in Beziehung zur Welt. Von seiner schöpferischen und erlösenden Liebe zur Welt (und damit von jeder echten Liebe *in* dieser Welt) läßt sich darum das scheinbare Paradox aussagen: „Wo Liebe *sich* schenkt, entsteht *anderes*, darf *anderes* sein.“ Liebe ist der einzige „Stoff“, der ganz und gar Verschiedenes zutiefst miteinander vereint (wir sind „aus“ Gottes Liebe gemacht, wir existieren aus der Teilhabe an seiner Liebe!), der aber darin zugleich das Anderssein *frei*-gibt: Wir sind keine Miniaturgötter oder „Manifestationen“ Gottes, sondern in allem restlos endliche Geschöpfe! Auch die Seele ist nicht göttlich, sondern geschaffene Wirklichkeit. Nur durch

[10] Vgl. M. Kehl, Hinführung zum christlichen Glauben, Mainz [2]1987, 107—116.

ihr Geliebtwerden vom ewigen Gott bekommt sie den geschenkten Charakter der Unsterblichkeit, also der endlich-geschöpflichen Teilhabe an der Ewigkeit Gottes. Teilhabe an Gottes Liebe ist zugleich Freigabe geschöpflichen, nicht-göttlichen Seins.

Von diesem Schöpfungsgeschehen her wird auch das Wesen der zwischenmenschlichen Liebe geprägt: Nur sie vermag in der Vereinigung zugleich die Unterschiedenheit der Partner zu begründen und zu bewahren. Denn sie vollzieht sich als *Beziehung*, die die Beziehungs-Pole miteinander eint, aber doch so, daß gerade in der tiefsten Einigung das jeweilige Andere es *selbst* sein darf, daß es *sich* verschenken und mit dem anderen vereinen darf, ohne vereinnahmt oder in ein gemeinsames Identitätsgefühl aufgelöst zu werden. Liebe sucht die Einheit der „Beziehung", nicht der „Verschmelzung"[11].

Mir scheint, daß hier der eigentliche Grund liegt, warum die New-Age-Bewegung nichts mit einem personalen Gott anfangen kann: Welche Erfahrungen und Deutungen von *Liebe* stehen hinter all diesen Theorien? Wird Liebe überhaupt noch als tiefste Wirklichkeitserfahrung angesetzt? Bildet eine solche Erfahrung von vereinender und freigebender Liebe noch den Grund jeder Selbst-, Welt- und Gotteserfahrung und damit auch das Fundament jeder möglichen Weltdeutung? Ich vermute, daß in diesem Punkt bei vielen Menschen heute das Defizit an Erfahrung immer größer wird. Die Zerbrechlichkeit und Unzuverlässigkeit der menschlichen Liebe (in der Ehe, in der Eltern-Kind-Beziehung, in der Freundschaft, in Wohngemeinschaften u. ä.) scheint so sehr in den Vordergrund zu rücken, daß man nach einem verläßlicheren, beständigeren, sichereren Grund seines eigenen gefährdeten Daseins und seiner heute ebenso gefährdeten Mit- und Umwelt sucht. Und dieser wird — wie schon so oft — in der Natur gefunden, in ihrer

[11] J. Sudbrack, Sich in Gottes Ordnung bergen. Vom Reichtum christlicher Meditation, Würzburg 1986, 76.

— bei aller Evolution, Komplexität und spielerisch suchenden Selbstorganisation — doch so regelmäßigen, beruhigenden, immer wieder zu festen und lebensfähigen Formen gelangenden Lebenskraft. Sie scheint dem westlichen Menschen, der die Bedrohung durch die Natur scheinbar in den Griff bekommen hat und fast nur noch durch sich selbst bedroht ist, den letzten noch möglichen Hort der Geborgenheit zu gewähren.
Als Christen können wir dieser Interpretation der Wirklichkeit viel Verständnis entgegenbringen, gerade wenn die Begegnung mit Menschen, deren Leben so wenig von der Erfahrung beständiger, treuer und zugleich freigebender Liebe geprägt ist, sensibel macht für solche existentielle Suche. Dennoch wird uns die Lösung, die hier angeboten wird, nicht befriedigen können; sie greift wohl doch zu kurz. Die Ambivalenz der Natur in ihren konstruktiven *und* destruktiven („Fressen und Gefressen-Werden") Kräften wird für uns im tiefsten erst erträglich, wenn wir sie noch einmal umfangen glauben von einer sie übersteigenden, entschiedenen Liebe zu ihr, die sie von dieser Ambivalenz einmal endgültig befreien kann. Das Universum mit seiner ganzen expandierenden Unendlichkeit ist uns in unserer Suche nach endgültigem Heil, nach Befreiung von Schuld, Sinnlosigkeit und Vergänglichkeit noch zu geschlossen. Für den Glaubenden kommt dieses Suchen erst zur Ruhe, wo es einer Liebe begegnet, die in ihrer Eindeutigkeit, in ihrer Verläßlichkeit und in ihrer Unerschöpflichkeit auch noch einmal dem Kosmos als ganzem und jedem einzelnen in ihm einen unbedingten Sinn zuspricht.
Im vollen Sinn begegnen wir dieser Liebe erst in der Person Jesu Christi. Sie spielt für unsere Wirklichkeitserfahrung und -deutung eine ganz ausschlaggebende Rolle. Die unbedingte Liebe, die von diesem Menschen (damals und heute!) ausgeht, die er selbst seinem Vater-Gott verdankt und so an alle Geschöpfe ver-mittelt, sie kann dem, der sich von ihr ansprechen und lieben läßt, der sich auf sie verläßt, eine Gewißheit und Geborgenheit vermitteln, die alle anderen

Fundamente unseres Daseins in sich aufhebt. Auch wenn diese Liebe Jesu Christi in unseren zwischenmenschlichen Beziehungen, in der Gemeinschaft der Glaubenden nur sehr fragmentarisch und hilflos nachvollzogen wird, sie kann dennoch dem, der darin wirklich Stand gewonnen hat und sie zum Grund seines Lebens und Handelns nimmt, ein „Paradigma" der Selbst-, der Welt- und der Gotteserfahrung (und -interpretation!) bieten, die alle anderen Paradigmen relativiert und — wenn möglich — integriert.

5. Heil: Personale Begegnung oder kosmische Selbsterfahrung

Ein letzter Punkt, der für die „Unterscheidung der Geister" in diesem Gespräch bedeutsam ist, betrifft das *Erlösungs-* und *Heilsverständnis.* Im New Age wird der Akzent hier eindeutig auf das *neue Bewußtsein* und die von ihm ausgehende Lebenspraxis gelegt. Dieses neue Bewußtsein ist zutiefst ein *Identitätsbewußtsein:* Nicht die großen Dualismen Subjekt — Objekt usw. bestimmen mehr die Weltsicht und das Weltverhältnis, sondern die natur- und „geistes"-geschichtlich bedingte Einheit aller Seienden in dem einen und ganzen Zusammenhang der kosmischen Selbstorganisation. Das bewußte und ganzheitliche Einstimmen in diese universale Identität befreit den einzelnen von seinen Sinnkrisen und die Menschheit von ihren Überlebenskrisen. Dieses Identitätsbewußtsein wird vermittelt vor allem durch *Selbsterfahrung,* durch das meditative Innewerden des eigenen Selbst und seines „transpersonalen" Verwobenseins in den universalen Lebenskontext. Genau dieser, auf das ganze (individuelle und gesellschaftliche) Leben ausstrahlenden, es „transformierenden" Erfahrung wird erlösende, befreiende, heilende Qualität zuerkannt.

Nun läßt sich auch vom christlichen Glauben her der hohe Wert einer regelmäßig in der Meditation geübten Selbsterfahrung und Selbstfindung durchaus unterstreichen. Die wirklich liebende Beziehung zu Gott und zum Nächsten ist ja nur für den möglich, der sich selbst liebt, d.h. der mit sich selbst in Einklang und Übereinstimmung lebt. Nur wer er „Selbst" geworden ist, kann sich liebend selbst vergessen und verschenken. Zu dieser Selbstwerdung können nun gerade die verschiedenen Wege der psychologischen, therapeutischen und meditativen Selbsterfahrung eine notwendige Hilfe sein. Aber sie sind für einen Glaubenden nicht das Ziel seines Weges, eben das „Heil", auch nicht in ihrem Überstieg über das personale Selbst hin auf seine kosmische Allverbundenheit. Warum nicht? Vornehmlich aus drei Gründen:

a. Der *erste* Grund ergibt sich aus dem personalen Gottesbild des Glaubens: Das Ziel unserer Suche nach Heil liegt für uns in der liebenden *Begegnung* mit der personalen Liebe Gottes. Das besagt mehr, als jede Selbsterfahrung oder transpersonale Erfahrung geben kann. Deswegen kann sich nur jene *meditative* Selbsterfahrung christlich nennen, die darin offen ist für die Begegnung mit dem sich zugleich gebenden und entziehenden, jede Selbst-Erfahrung unendlich übersteigenden *Geheimnis* der Liebe Gottes.
Denn das, was wir in einer noch so auf die universale Ganzheit ausgeweiteten Selbsterfahrung oder auch in einer „gegenstandslosen" Einfachheit, Ruhe und Leere der Meditation erfahren können, ist christlich gesehen nicht einfach identisch mit einer „direkten" Erfahrung Gottes. Gott gibt sich uns in diesem Leben immer nur im (offenbarenden *und* verbergenden) „Gleichnis" zu erfahren, ob im Gleichnis unseres innersten Selbst oder im Gleichnis des Geringsten der Brüder und Schwestern Jesu, ob im Gleichnis der Natur oder im Gleichnis des kirchlichen Wortes oder der Sakramente. Die Ebene des *Glaubens* wird hier nie überschritten, etwa auf die Ebene des „Wissens" oder des unmit-

telbaren „Schauens“ hin; auch nicht in der tiefsten mystischen Erfahrung. Für den Christen teilen auch mystische und meditative Erfahrungen den grundsätzlichen theologischen Charakter jeder innerweltlichen „Gotteserfahrung“: Gott gibt sich in diesen Gleichnissen bzw. „Realsymbolen“ als eine Liebe, die unendlich größer ist als das, was wir von ihr erfahren, wissen, begreifen, erspüren können. Die „Via negativa“ der Gottes*erkenntnis* gilt auch für die Meditation und die Mystik, also für den Bereich der „Gottes-*erfahrung*“. Sie wird dort — nach Johannes vom Kreuz — die „dunkle Nacht des Geistes“ genannt[12].

Ob nun eine Meditation wirklich auf dieses Geheimnis hin offen ist, hängt entscheidend von der Grundeinstellung des Meditierenden ab: Ob er also an Gott glaubt oder nicht. Denn diese Grundeinstellung wird von der Meditation (rein als Methode der Selbsterfahrung betrachtet) weder zwingend herbeigeführt noch verhindert. Die Meditation „vertieft und erweitert weltanschauliche, religiöse Haltungen. Aber wenn sie sich — vorgeblich — von allem Religiösen freihalten will, dann werden das Meditieren und seine Erfahrung in dem Maße, wie sie Letztes schenken wollen, zur Weltanschauung erhoben“, eben zu einer „verkappten Religion“: „Daß nämlich diese Erfahrung in sich und aus sich das Letzte und Maßgebende überhaupt sei“[13]. Das wäre im Grunde nur eine spirituelle Variante des gnostischen Erkennens und Wissens der tiefsten Geheimnisse Gottes und der Welt, worauf sich die Erlösungsgewißheit des Gnostikers stützt: „Ich erfahre, also bin ich heil.“

Für den Christen bleibt Gott in aller Nähe immer auch das sich verbergende, entziehende Geheimnis der Liebe. Und nur in der demütigen, ehrfürchtigen Offenheit, die das

[12] J. Sudbrack, Sich in Gottes Ordnung bergen, aaO. 19—28; unter „via negativa“ versteht die Theologie, daß wir in diesem irdischen Leben von Gott eher erkennen, was er *nicht* ist, als was er ist; also z. B. *un*-endliche Liebe, *un*-bedingte Treue, *un*-sagbares Geheimnis usw.

[13] AaO. 23.

personale, unverfügbare Andere Gottes anerkennt, vollendet sich christliche Meditation. Sie übersteigt dann aber bewußt den Raum jeder Selbsterfahrung und wird zu einer Beziehung der Liebe, die in aller Vereinigung zugleich die Unterschiedenheit zwischen Selbst und Gott wahrt. Nicht umsonst gilt deshalb in der Tradition der christlichen Spiritualität das „Hohe Lied" im Alten Testament, eine Sammlung von Liebesliedern, als *das* vorherrschende Modell christlichen Betens und Meditierens[14]. Nicht das Versenken in die eigene Tiefe oder in die unendliche Weite eines geistbeseelten Universums ist für den, der dem Gott Jesu Christi begegnet ist, bereits „Heil", sondern das In-Beziehung-Treten zu einer Liebe, die mir „innerlicher ist als mein Innerstes und (zugleich) höher als mein Höchstes" (Augustinus), die also auch meine weiteste, größte Verbundenheit mit der ganzen Schöpfung noch einmal übersteigt.

b. Ein *zweiter* Grund, warum wir Christen zurückhaltend sind gegenüber einem Weg, der in der Selbsterfahrung oder in einer „transpersonalen" Erfahrung das Heil sieht, liegt auch hier wieder in der „Ambivalenz der Selbsterfahrung"[15]. Denn diese offenbart ja nicht nur den Reichtum, die Weite meines Innersten und des Seins überhaupt, sondern auch meine Armseligkeit, meine Schuld, mein tiefes Verstricktsein in einen universalen Schuldzusammenhang, den wir „Erbsünde" nennen. „Das ‚Selbst' des Menschen ist keineswegs dieses unschuldige, nur von außen her befleckte Ding, als das es hingestellt wird. Das ‚Selbst' des Menschen reicht in Abgründe hinein, vor denen einem Schrecken befällt. ‚Verschlossenheit' ist vielleicht die Grundsünde, die das Selbst belastet, weil es im eigenen Bereich verbleibt; ‚Offenheit' hingegen bezeugt einen ‚Sünder', der sich Gott zuwendet und Vergebung erbittet."[16]

[14] AaO. 49ff, 74ff.
[15] AaO. 53ff.
[16] AaO. 54.

Wie können solche negativen Dimensionen des Selbst und der Welt im ganzen „transformiert" werden zu dem „neuen Bewußtsein" geglückter Ganzheit? Was J. Sudbrack über das menschliche Selbst sagt, gilt von der Welt im ganzen: Sie ist weder in der Evolution der Natur noch in der menschlichen Freiheitsgeschichte einfach ein stimmiges Ganzes, in das der Mensch sich nur einstimmen müßte, um selbst wieder stimmig, wieder heil zu werden. Die destruktiven Kräfte der Natur und erst recht der Freiheit sind doch wahrlich nicht zu übersehen. So scheint mir der Optimismus der New-Age-Idee von der Transformation des Bewußtseins und seiner Heilsbedeutung doch ein wenig naiv und kurzschlüssig. Wenn die menschliche Freiheit überhaupt ihre eigene Schuldgeschichte und Schuldverstrickung „aufarbeiten" und überwinden kann, dann doch wohl nur auf dem Grund einer zugesprochenen *Vergebung*. Heilwerden des Schuldiggewordenen kann nicht bloß aus den Selbstheilungskräften der ambivalenten Naturgeschichte, auch nicht nur aus der selbstreinigenden und selbstbefreienden Kraft des Schuldigen, der umkehrt, geschehen. Umkehr, die wirklich zum Heil führt, die also die Schuld und ihre Folgen restlos überwinden und ein wirklich neues Leben beginnen kann, bedarf dazu eines den Schuldigen von außerhalb seiner selbst treffenden, ihn befreienden Wortes der Vergebung und der Wiederannahme. Dieser Einsicht liegt einfach wieder die Erfahrung des Glaubens zugrunde, daß Heil etwas mit Liebe zu tun hat, auch und gerade in der Gestalt der schuldvergebenden Liebe. Im Vertrauen auf diese unendlich vergebende Liebe Gottes findet der Christ den Grund und die Kraft zu seiner immer wieder nötigen Umkehr vom „alten" zum „neuen" Menschen, dem darin ein „neues", d.h. liebendes Herz geschenkt wird. Die Transformation des Bewußtseins aufgrund der *Umkehr* und der Vergebung hat ihren Raum innerhalb einer personalen Welterfahrung; sie ist etwas einzigartiges und auch tiefergreifendes als ein eher naturwüchsiger *Umschlag* von einer Bewußtseinsepoche zur anderen.

c. Ein *dritter* — mit dem vorigen eng verbundener — Grund unserer Zurückhaltung gegenüber dieser neuen Erlösungslehre liegt schließlich in der Erfahrung des Glaubens, daß Heil ganz zentral mit *Gnade*, mit *Geschenk* zu tun hat. Der ewige, in tausend Variationen wiederkehrende Versuch der Menschen, sich selbst zu erlösen, kann den inneren Widerspruch dieser Unternehmungen nicht aufheben: Nämlich daß Erlösung im vollen Sinn erst im *Loskommen* von sich selbst geschieht. Zweifellos wird genau dies in den Selbsterfahrungs- und Meditationsmethoden angestrebt („Ge-lassenheit"). Aber greifen sie nicht doch zu kurz, wenn sie als Woraufhin dieses Freiwerdens von sich selbst und von dem dauernden Kreisen um sich selbst die universale Einheit der kosmischen Bewegung anzielen? Wird dabei das Selbst nicht einfach nur ins Universale hin *ausgeweitet*, in eine kosmische Identität mit allem erhoben? Bleibt es dabei nicht doch im Tiefsten bei sich selbst, wenn auch bei einem universal gewordenen Selbst, das in kosmischem Ausmaß „zyklisch" um sich und in sich selbst kreist? Kann nicht erst das Ankommen bei einem ganz Anderen meiner Selbst mich von mir selbst loskommen lassen? So, daß ich *mein* Leben im Raum des Angenommenseins durch den *Anderen* leben darf. Genau dies ist die Heilserfahrung des Glaubens, der die umfassende Erlösung allein von der Liebe erwartet, von der Liebe einer anderen, die universale Einheit und Ganzheit unserer Welt noch einmal übersteigenden Wirklichkeit. Wo uns das Bejahtsein, das Angenommensein durch diese alles umgreifende und schöpferisch-tragende Liebe geschenkt wird, wo wir in dieser Gewißheit leben dürfen, erst da kommt unser nach Heil und Erlösung suchendes Herz zur Ruhe; denn dann erst „ruht es in Dir" (wie Augustinus sagt), in dem Du des radikal Anderen unserer Selbst.

Wir sehen auch hier: Der entscheidende Unterschied zwischen christlicher und New-Age-Hoffnung liegt in der Erfahrung und Wertung der personalen Liebe. Weil wir in der ganzheitlich gelebten Begegnung mit Jesus Christus in

eine Liebe hineingezogen werden, die „an nichts Weltlichem ihr Maß hat“ (P. Knauer), kann uns die Heilsverheißung der New-Age-Weltanschauung letztlich nicht befriedigen. Die Liebe Jesu Christi und ihre vielen Formen menschlichen Nach- und Mitvollzugs stellen für die Glaubenden *das* entscheidende Grundmodell ihrer ganzen Wirklichkeitserfahrung und -deutung dar. Je überzeugender und menschlich anziehender es in der Gemeinschaft der Glaubenden gelebt wird, um so weniger brauchen Christen sich m.E. nach anderen Heilsangeboten umzuschauen.
Allerdings liegt gerade hier ein wunder Punkt in der erfahrbar gelebten Wirklichkeit unseres Glaubens und unserer Hoffnung. Tragen wir Christen nicht auch ein gerütteltes Maß an Mitschuld daran, daß das Evangelium Jesu von der *Gnade* des Heils seine Anziehungskraft so sehr verloren hat? Hat sich die Kirche der Neuzeit nicht zu gern als moralische Lehr- und Zuchtmeisterin der „schwachen“ Menschen gebärdet, denen sie als Weg zum Heil lieber eine Menge von Geboten und Verboten vortrug, als ihnen das Beispiel einer christlichen „Gelassenheit des Beschenkten“ vorzuleben? Wurde nicht gerade die Eschatologie als der genuine Ort der christlichen Hoffnung oft genug deformiert zu einer Ansammlung von angsteinflößenden Schrekkensvisionen, um die Sünder mit angedrohten ewigen Strafen einzuschüchtern und so zur kirchlichen „Raison“ zu bringen? Seit dem II. Vatikanischen Konzil ist sich die christliche Geschichtstheologie endlich wieder ihrer großen Aufgabe bewußt geworden: Bei der gemeinsamen Suche aller Menschen „guten Willens“ nach einer menschenwürdigeren Gestalt der ganzen Schöpfung das Eigentümliche der christlichen Hoffnung zur Geltung zu bringen, nämlich die „Gelassenheit des Beschenkten“ mit der „Leidenschaft für das Mögliche“ (S. Kierkegaard) zu verbinden.

IV. New Age und die spätantike Gnosis

In unserer bisherigen Darstellung haben wir die ursprünglichen geistesgeschichtlichen Wurzeln der Grundüberzeugungen von New Age und Esoterik nur angedeutet. Um eines gründlicheren Verständnisses dieser beiden Phänomene und ihrer tiefreichenden Unterschiede zum christlichen Glauben willen soll in diesem Kapitel ihr Ursprung in der „Gnosis" eingehend aufgezeigt werden.
In vielen kritischen Auseinandersetzungen wird zu Recht die gegenwärtige New-Age-Bewegung als eine Art „Neognosis" bezeichnet, als ein „Wiederaufleben der immerwährenden Gnosis in unserer heutigen Welt"[1]. Daß sie über die esoterische, pantheistische und theosophische Tradition viele gnostische Elemente in sich aufgenommen hat, steht zweifellos fest. Aber wie verhält sie sich im ganzen zu der Gnosis der Spätantike? Wo liegen ihre wichtigsten Gemeinsamkeiten, wo ihre Unterschiede? Um diesen Vergleich sachgerecht anstellen zu können, wollen wir erst einmal die ursprüngliche Gnosis genauer darstellen[2].

[1] H. J. Ruppert, New Age, aaO. 18.

[2] Ich stütze mich hier vor allem auf das Standardwerk von Kurt Rudolph, Die Gnosis. Wesen und Geschichte einer spätantiken Religion, Göttingen 1978. Vgl. ferner Kl. Berger/R. McLachlan Wilson, Art. Gnosis/Gnostizismus, in: Theologische Realenzyklopädie 13, Berlin 1984, 519—550; H. Frohnhofen, Gnosis und New Age, in: Informationen für Religionslehrer, Bistum Limburg 3/1987, 2—6; R. Bergeron, Zu einer theologischen Interpretation der neuen Religionen, in: Concilium 19/1983, 75—81.

1. Was ist „Gnosis"?

Trotz aller Schwierigkeiten, das überaus vielfältige und bunte Phänomen der Gnosis auf den Begriff zu bringen, versucht K. Rudolph im Vorwort seines Buches (s. Anm. 2) eine kurze, zusammenfassende *Definition:* „Man geht nicht fehl, wenn man darunter eine aus mehreren Schulen und Richtungen bestehende dualistische Religion sieht, die zu Welt und damaliger Gesellschaft in einer betont ablehnenden Haltung stand und eine Befreiung (‚Erlösung') des Menschen eben aus den Zwängen irdischen Seins durch die Einsicht in seine — zeitweise verschüttete — wesenhafte Bindung, sei es als ‚Seele' oder ‚Geist', an ein überirdisches Reich der Freiheit und der Ruhe verkündet hat."[3]
Entscheidend für diese Begriffsbestimmung sind also die vier Merkmale:

(1) Die Gnosis ist eine spätantike *Religion* im Gebiet des römischen Reiches, die vorrangig in den großstädtischen Zentren des Reiches anzutreffen ist, und zwar mit einem deutlichen Schwerpunkt im Orient (Syrien, Mesopotamien, Kleinasien, Ägypten).

(2) Sie steht in grundsätzlicher *Negation* zu dieser erfahrbaren Welt, dieser Geschichte und dieser Gesellschaft.

(3) Sie proklamiert die Möglichkeit einer *Erlösung*.

(4) Der Weg zu dieser Erlösung liegt in der Erkenntnis, in der *Einsicht* in das geistig-göttliche Wesen des Menschen und der Wirklichkeit im ganzen.

Bei der Bestimmung des geschichtlichen Phänomens „Gnosis" haben sich in der Forschung einige *methodische Grundsätze* herausgebildet:

[3] K. Rudolph, aaO. 7.

(1) Zunächst ist zu unterscheiden zwischen *einzelnen* gnostischen *Motiven* und den gnostischen *Gesamtsystemen*, in denen die verschiedenen Motive miteinander in Zusammenhang gebracht und zu einer einheitlichen Weltanschauung bzw. Theologie zusammengefügt sind. Von daher herrscht heute in der Gnosisforschung weithin die Überzeugung, daß es zwar viele vor- und außerchristliche Entwicklungslinien und Vorstellungen der Gnosis gibt, daß aber die verschiedenen entwickelten Systeme erst zur Zeit des Frühchristentums, genauer im 2. Jahrhundert auftreten (z.B. das System des Valentinos oder des Basilides oder des Markion), vor allem in Alexandrien (Ägypten): „Die einleuchtende Schlußfolgerung ist, daß die Bewegung der Gnosis in der neutestamentlichen Zeit wuchs und sich entwickelte, Seite an Seite mit dem Christentum und in gewissem Maße im Austausch mit ihm."[4] Für diese Endprodukte der frühen Entwicklung wird häufig die Bezeichnung „Gnostizismus" gebraucht, im Unterschied zur „Gnosis", die das gesamte Motivfeld gnostischer Ideen umgreift.

(2) Die geschichtliche Beziehung zwischen Gnosis und Christentum ist ausgesprochen differenziert zu sehen. Grundsätzlich kann gesagt werden, daß sowohl die christliche Theologie wie auch die Gnosis zwar unabhängig voneinander entstanden sind, jedoch sich aneinander profiliert und in gegenseitiger Abgrenzung bzw. Befruchtung entwickelt haben. Beide standen nicht als abgeschlossene Systeme *vor* ihrer Auseinandersetzung fix und fertig bereit, sondern beide wurden in vielen Punkten erst durch sie zu ihrer eigentlichen Gestalt geführt. Diese Auseinandersetzung förderte damit zugleich den Aufbau einer kirchlichen Orthodoxie, von der die gnostischen Theologien, die sich selbst als die „wahre" Interpretation des Glaubens verstanden, als Häresie eingestuft und abgelehnt wurden. Im ein-

[4] R. McLachlan Wilson, aaO. 536.

zelnen können die Beziehungen zwischen christlich-orthodoxer Theologie und der Gnosis so ausgesehen haben[5]:

a. Neben dem Christentum und auch nach ihm hält sich eine nicht-christliche, vom Christentum unabhängige Gnosis.

b. Einzelne gnostische Motive werden in den christlichen Glauben integriert und christianisiert, so daß man von einer echten christlichen Gnosis sprechen kann (z.B. in den Paulus-Briefen, im Johannes-Evangelium und später bei den Alexandrinern).

c. Nicht-christliche gnostische Texte werden sekundär christlich „gefärbt", d.h. unter christlicher Terminologie tritt gnostisches, nicht-christliches Gedankengut auf (z.B. in der Schrift „Sophia Jesu Christi").

d. Christliche Glaubensgehalte werden von Gnostikern übernommen und mythologisiert, also in das mythische Weltbild der entwickelten gnostischen Systeme eingearbeitet (z.B. die historische Gestalt Jesu).

Auf einige dieser Punkte werden wir noch näher eingehen.

2. Das gesellschaftliche Subjekt der Gnosis

In dieser Frage ist die Gnosisforschung aufgrund der dürftigen Auskünfte der Quellen nicht über hypothetische Zusammenstellungen einzelner Mosaiksteinchen zu einem vermuteten Gesamtbild hinausgekommen. Dennoch ist diese Frage für das Verständnis gnostischer Ideen außerordentlich wichtig. Nach K. Rudolph sind für die „Soziologie der Gnosis" folgende Kennzeichen charakteristisch:

[5] Dazu Kl. Berger, aaO. 520.

Die Gnostiker sammelten sich in Organisationsformen, die sowohl den christlichen Gemeinden und Kirchen wie auch den religiösen Genossenschaften und „Kultvereinen" des römischen Reiches und schließlich auch den spätantiken Philosophenschulen vergleichbar waren. Dies geschah allerdings ohne eine den verschiedensten Gruppierungen übergeordnete, einheitliche und zentrale Leitungsgewalt. Die einzelnen Gemeinden unter ihrem Schulhaupt oder ihrem charismatischen Gründer bzw. Vorsteher bildeten das eigentliche Subjekt der gnostischen Religion. Auch in sich waren diese Gruppen und Gemeinden nicht streng organisiert; sie kannten in der Regel (d.h. außer dem Manichäismus) weder eine hierarchische Leitung noch eine rechtlich geordnete „Kirchenzucht" noch den Unterschied zwischen Klerus und Laien. Denn der heilsrelevante „Stand" eines Gnostikers hing ja einzig und allein von dem „Stand" seiner Erleuchtung, seines Wissens um die göttlichen Geheimnisse ab, nicht aber von bestimmten soziologischen Funktionen und Standesmerkmalen.

Eine erste *Parallele* zur heutigen New-Age-Bewegung wird hier sichtbar: Die anti-institutionelle Einstellung — vor allem hinsichtlich größerer Organisationsstrukturen — ist auch heute weit verbreitet; sie findet ihr soziales Subjekt gerade in den vielen Gruppen der (gesellschaftlichen und kirchlichen) Alternativszene und damit auch in der New-Age-Bewegung. Das gemeinsam von unten und freiwillig geknüpfte „Netzwerk" der Gruppen untereinander tritt an die Stelle der Großinstitutionen. Diese Betonung der überschaubaren und nachvollziehbaren Gruppen und ihrer Verbindung untereinander hat angesichts der hoch formalisierten, abstrakten und bürokratisierten Institutionen sicher ihr volles Recht; sie bezieht ja gerade auch aus solchen negativen Erfahrungen ihre hohe Plausibilität. Nur scheint mir in der *unvermittelten Alternative* — hier „seelenlose Großinstitutionen", dort mit „Leben" erfüllte Gruppen — ein

typisch gnostischer Grundzug sichtbar zu werden. Gnostisch deswegen, weil hier die Kraft des individuellen und auch des Kleingruppen-Geistes überschätzt wird: als ob er stets aus der hellwachen Präsenz der Einsicht, der Erkenntnis in das Wahre und Gute leben würde; als ob er alles Wichtige und Richtige immer selbst mitvollziehen und mittragen müßte. Dem liegt der gnostische Hang zur „Vergöttlichung" des menschlichen Geistes zugrunde.
Aber genau dies kann auch sehr inhuman werden, weil hier die Endlichkeit des menschlichen Geistes, seine Begrenztheit, seine Schwäche und Vergänglichkeit, sein Hin- und Her-Schwanken, sein Immer-neu-anfangen-Müssen nicht akzeptiert wird. Sowohl die Größe des menschlichen Geistes wie auch seine Endlichkeit drücken sich deswegen im Hervorbringen, Bewahren und Umwandeln von Institutionen aus, die als „objektiver Geist" die Schwankungen des individuellen Geistes auffangen und über längere Zeiten und größere Räume hin das menschliche Zusammenleben ordnen können. So ist z. B. die staatliche und internationale Rechtsordnung (bei aller partiellen Anfechtbarkeit) im ganzen ein hoher Wert in der Entwicklung des Menschen und seiner gesellschaftlichen Wirklichkeit. Das gilt auch für die wichtigsten universalkirchlichen Institutionen (Recht, Glaubensbekenntnis und Dogma, Liturgie, Amt). Der Gefahr, daß sie geist-los formal werden, kann nicht durch ihre Ausklammerung aus dem christlichen Leben begegnet werden, sondern durch die *Vermittlung* solcher Institutionen mit dem gelebten Leben der einzelnen und ihrer Gruppen. Damit klingt das an, was Hegel „konkrete Freiheit" nennt: Die subjektive Freiheit der einzelnen gibt sich in die gesellschaftlichen Formen hinein und formt sie, belebt sie mit ihrem Geist, so daß subjektiver und objektiver Geist aus dem gleichen „Stoff" gestaltet sind. Alles andere führt letztlich zu immer größerer Privatisierung einerseits bzw. Bürokratisierung andererseits.

b. Die „Vollkommenen“

Trotz aller Institutionsfeindlichkeit spielten innerhalb der gnostischen Gemeinden die Leiter und eine kleine Gruppe der „Vollkommenen“ eine bestimmende Rolle. Entgegen ihrer pneumatischen Grundstruktur („alle Mitglieder sind Gnostiker, Geisterfüllte“) bildete sich in den gnostischen Gemeinden eine deutliche Zweipoligkeit heraus, nämlich die von einigen wirklichen „Pneumatikern“ und der Menge der „Psychiker“, die noch relativ unwissend und unerleuchtet waren. Das esoterisch-elitäre Selbstverständnis der Gnostiker gegenüber der unverständigen, dem Untergang geweihten Welt „draußen“ spiegelte sich so auch innerhalb der Gemeinde selbst wider.

c. Soziale Zusammensetzung

Was die gesellschaftliche Schichtung der Gemeinden angeht, dürften die führenden Leute (Gründer, Schriftsteller, Gemeindeleiter) aus den höheren, mit jüdischer und hellenistischer Kultur vertrauten Gesellschaftsschichten stammen: „Allem Anschein nach waren es, modern ausgedrückt, entwurzelte, politisch entmachtete Intellektuelle mit mehr oder weniger philosophischer und vor allem mythologischer Bildung, die aus plebejischen Schichten ihre Anhänger gewannen.“[6] Ähnlich vermutet auch Kl. Berger, daß die Führungsschicht der gnostischen Gemeinden von Leuten gebildet wurde, die sich als „Träger einer besseren Hoffnung“ verstanden, eben als „auserwählte Pneumatiker und im Besitz des schlechthin einzigen Weges zur Rettung“[7]. Gerade von daher erkläre sich auch die negative Einschätzung der Welt bei den Gnostikern; es sei die Kehrseite ihres Selbstbewußtseins, allein den Weg zur Rettung dieser Welt

[6] K. Rudolph, aaO. 224.
[7] Kl. Berger, aaO. 534 („Weltverbesserer“).

zu kennen und zu praktizieren[8]. Auch hier fällt die Nähe zum „Neuen Bewußtsein" der New-Age-Heilslehre deutlich ins Auge.

K. Rudolph bestätigt die Theorie M. Webers, der die Schöpfer der gnostischen Systeme im sog. „Laienintellektualismus" jüdisch-hellenistischer Provenienz sah. Dieser sei mitbedingt gewesen durch die politische Machtlosigkeit der gebildeten Ober- und Mittelschichten in den von Rom unterworfenen orientalischen Völkern. Die erzwungene oder freiwillig vollzogene „Entpolitisierung" dieser Intellektuellen habe zu dem kompensatorischen Entwerfen von kosmisch-universalen und zugleich sehr individualistischen Erlösungskonzepten geführt (bei denen die „mittlere Ebene" zwischen universal und individuell, nämlich der Bereich des Politischen, Institutionellen und Strukturellen keine Rolle spielt).

Die Faszination der gnostischen Gedanken auf die großenteils verelendete Unterschicht in den Städten dürfte einmal in dem fundamentalen Protest der Gnosis gegen diese schlechte Welt überhaupt gelegen haben, die als ganze überwunden und vernichtet werden muß. Andererseits wird sie ihren Grund in der starken anthropologisch-theologischen Aufwertung des sozial und politisch entwerteten Individuums gefunden haben: Weil das innerste Selbst des Menschen geistig-göttlicher Natur ist, teilt jeder Mensch die letzte Unabhängigkeit und Selbständigkeit Gottes; alle irdische Abhängigkeit ist nur vorübergehend und relativ. Wer zu seinem innersten Selbst gefunden hat und darin „steht", ist bereits von jedem irdischen Elend erlöst. „Insofern kann man die Gnosis weithin als eine Ideologie des abhängigen, aber sich ideologisch-religiös zur Freiheit berufen fühlenden Kleinbürgertums auffassen, die gleichzeitig einen not-

[8] Von daher können durchaus auch bestimmte christliche Gemeinden (z.B. die des Joh.-Evangeliums) am Anfang gnostischer Gemeindebildungen stehen, die — vom Judentum ausgegrenzt und unter erheblichem Legitimationsdruck stehend — sich durch pointierte Absetzung von der „bösen Welt" als die einzigen auserwählten Heils- und Lichtträger betrachten.

wendigen Ausgleich orientalischer und griechischer Traditionen in einem neuen Geist zeitigte oder zur Geltung brachte."[9]

d. Kult

Im Gegensatz zu ihrer theoretischen Ablehnung irgendwelcher heilsbedeutsamer Institutionen (sie werden dem materiellen Raum zugerechnet und können das Heil nicht vermitteln, sondern höchstens den Heilszustand des Erleuchteten bestätigen und unterstreichen), hatten *kultisch-sakramentale* Vollzüge doch ihren festen Platz in den meisten gnostischen Gemeinden. Sie wurden entweder aus der (jüdischen, christlichen oder paganen) Umwelt übernommen und in das eigene System umgedeutet oder auch ganz neu geschaffen (z.B. als „Ritualisierung mythologischer Vorgänge"[10]) oder in sehr vergeistigter Form (als Gebete und Hymnen) kultiviert. So gab es gnostische Taufen, in denen die Einweihung in die gnostischen Mysterien vollzogen und die Erfüllung mit dem erleuchteten Pneuma-Wissen dargestellt wurde. Auch Salbungen mit Öl und der Eucharistie ähnliche Mahlfeiern waren geläufig; daneben schufen sich solche Gemeinden auch einen eigenen Ritus, nämlich das „Sakrament der Erlösung" (ein Salbungsritus), das den Pneumatiker seiner geistigen Erlösung im kultischen Zeichen greifbar versichern sollte.

[9] K. Rudolph, aaO. 310; heute wird dieser Ausgleich im New Age zwischen westlichem und östlichem Denken gesucht.
[10] AaO. 234.

e. Ethik

Zur *Ethik* der gnostischen Gemeinden sind folgende interessante Aspekte zu nennen:

(1) In den Gemeinden entsteht unter den Gleichgesinnten eine sog. „*Brüderethik*". Das sittliche Verhalten, zumal der Nächstenliebe, bezieht sich also in klarer Abgrenzung von einer dem Untergang geweihten Welt fast ausschließlich auf die eigene Glaubensgemeinschaft. Das Ziel dieser Ethik liegt dabei nicht so sehr im Aufbau einer geschwisterlichen Gemeinschaft oder gar einer menschenwürdigen Gesellschaftsordnung überhaupt, sondern in der gegenseitigen Hilfe bei der Erlösung des geistig-göttlichen Selbst aus dieser Welt.

(2) Das *moralische Verhalten* der Gnostiker scheint theoretisch von zwei gegensätzlichen Grundmaximen bestimmt zu sein: sowohl von liberaler Freizügigkeit wie von asketischer Strenge. Beide haben ihren Grund in der radikalen Absage an diese irdische Welt und in der beanspruchten Beheimatung in der himmlischen Welt. Wer sich dieser bösen Welt bereits durch den Besitz des „Geistes" enthoben weiß, für den haben entweder die moralischen Normen dieser Welt keinen Sinn mehr (weil er „darüber" steht und sich in der Freiheit des Geistes alles leisten kann, was ihm gut dünkt), oder er lebt in streng-asketischer Zurückgezogenheit von dem unsittlichen Treiben dieser Welt. Allerdings muß man sagen, daß unsere Quellen über die libertinistische Moral der Gnosis ausschließlich die Kirchenväter sind, die sicher hier vieles verzeichnet, übertrieben und für ihre Ketzerpolemik ausgenutzt haben. Ob sie diesen Zug gnostischer Moral gänzlich erfunden haben, scheint indes fraglich; denn von der inneren Systematik gnostischen Denkens her erscheint eine zumindest theoretische Liberalität (als Erhabenheit über alles Gesetzliche) durchaus konsequent (ohne daß dies immer die tatsächliche Praxis der Gnostiker gewesen sein muß!).

(3) Auch die *gesellschaftskritische* Seite der gnostischen Ethik erscheint in sich ambivalent. Einerseits besteht kein Interesse an Veränderungen der gesellschaftlichen Strukturen, weil ja diese Welt überhaupt und im ganzen dem Untergang geweiht ist, und zwar unvermeidlich. Es lohnt sich also nicht, nur partiell noch etwas verbessern zu wollen. Die Gnosis „besaß kein anderes ‚revolutionäres' Programm für die Änderung der Verhältnisse, wie sie ihr erschienen, als die Beseitigung der irdischen Strukturen überhaupt und die Wiederherstellung einer uranfänglichen Idealwelt des Geistes"[11]. Andererseits werden doch immer wieder scharfe gesellschaftskritische Töne laut, so z. B. die Ablehnung der diesseitigen Herrschaftsverhältnisse als in sich böse und unvernünftig, weil sie vom bösen Weltschöpfer, dem Demiurgen, stammen, oder in der bewußten Gleichbehandlung aller als „Brüder" innerhalb der Gemeinde, egal ob einer Sklave oder Freier ist, oder in der Ablehnung des Reichtums und des Besitzes überhaupt (als Ausdruck ihrer Weltverachtung) usw.

(4) Noch auf eine weitere Ambivalenz der gnostischen Ethik sei hingewiesen, nämlich was die *Stellung der Frau* betrifft. Einerseits spielt die weibliche „Sophia" (Weisheit) eine große Rolle in der gnostischen Erlösungslehre. Dementsprechend nehmen auch relativ viele Frauen aktiv und führend am Gemeindeleben teil — als Lehrerinnen, Prophetinnen, Missionarinnen, Liturgen und Exorzisten. Andererseits aber werden in einigen gnostischen Theorien die Frau und das Weibliche stark dämonisiert, bis hin zur Verwerfung der Ehe. Der Grund mag wohl darin liegen, daß das Ursprungs- und Zielideal unserer Wirklichkeit in ihrer ungeschiedenen Einheit im Pleroma (= die ursprüngliche Fülle des Geistes) gesehen wird, wohingegen die Zweigeschlechtlichkeit als ein Übel dieser irdischen Welt betrachtet wird. Dieses Übel ist (nach dem gnostischen „Philippus-

[11] AaO. 281 f.

evangelium") durch die Schuld der Eva in die Welt gekommen, die damit auch zugleich die Sterblichkeit für den Menschen brachte: „Als Eva noch in Adam war, gab es keinen Tod. Als sie sich von ihm trennte, entstand der Tod. Wenn sie wieder in ihn eingeht und er sie zu sich nimmt, wird es keinen Tod mehr geben."[12] Oder: Nach anderen Texten kann die Frau nur dadurch erlöst werden, daß sie nach ihrem Tod in einen Mann verwandelt wird; vielleicht weil nur so die Vereinigung mit dem (weiblich vorgestellten) himmlischen Urbild der Seele gelingen kann. Jedenfalls entsprachen der praktischen Aufwertung der Frau innerhalb der Gemeinde die gnostischen Theorien keineswegs; sie teilten eher ungebrochen die traditionelle Abwertung der Frau in der Antike.

3. Vorbereitende Traditionslinien der Gnosis[13]

Die Gnosis läßt sich als eine synkretistische Religion verstehen, in der viele Traditionsströme verschiedener Kulturen im spätantiken römischen Reich zusammengeflossen und zu einem neuen System verbunden worden sind. Das „Neue" und Eigenständige bestand in der alle diese Einzelzüge verbindenden und durchdringenden negativen und zugleich heilsgewissen Welt- und Daseinserfahrung. Einige solcher Traditionen, die für die Gnosis charakteristisch geworden sind (aber allein für sich genommen noch keineswegs die Bezeichnung „gnostisch" erlauben!), möchte ich hier (im Anschluß an Kl. Berger) anführen:

[12] Nag-Hammadi-Codices II 3, 116, 22—26 (zitiert nach K. Rudolph, aaO. 288f).

[13] Nach Kl. Berger, aaO. 526ff.

a. Jüdische Apokalyptik

Von der *jüdischen Apokalyptik* her ist die negative Grundeinstellung „dieser Welt" gegenüber bekannt, ebenso wie die Sicherheit über ihren baldigen, von Gott herbeigeführten, unvermeidlichen Untergang und das Kommen einer neuen Welt. Dieses Wissen wird den Frommen, Jahwetreuen Juden durch bestimmte Mittlergestalten zuteil, die *Offenbarungen* über Gott, die himmlische Welt, die Entstehung der Welt und des Menschen, das Schicksal der Welt usw. empfangen. Dieser Offenbarungsempfang geschieht häufig in der Form eines seelisch-geistigen *Aufstiegs* in die himmlische Welt, in die man schauend-wissend Einblick erhält. Dieser Aufstieg ist zugleich das Muster des Erlösungsweges für andere. Damit verbindet sich unter den gebildeten Schichten der Spätantike eine besondere Vorliebe für das Irrationale, für das von der Philosophie nicht Integrierte (Astrologie, Magie, Wunderglaube). Auch gelten Askese und Enthaltsamkeit als vorbereitende, disponierende Mittel und Wege für einen Offenbarungsempfang.

b. Jüdische Weisheit und Mystik

Eine zweite Wurzel liegt in der jüdischen *Weisheitstradition* (mit ihrem Höhepunkt bei Philo von Alexandrien), in der die Weisheit (Sophia, Achamoth) als eine von Gott verschiedene, eigene Wesenheit verehrt wird; diese Weisheit kann zugleich bei Gott und den Menschen sein (z. B. als Schöpfungsmittlerin und als Führerin der Heilsgeschichte). Sie wird zum Vorbild der gnostischen Sophia, der Weisheit der Erleuchteten. Daneben spielt für die Gnosis auch die jüdische *Hekaloth-Mystik* (z. B. in der Henoch-Literatur) eine Rolle; in ihr werden die Erlebnisse des mühevollen Aufstiegs zu Gott durch die verschiedenen himmlischen Sphären und Engelwelten (die sich z. T. hindernd in den Weg stellen) geschildert, aber auch die magischen Praktiken, wie man sich für diese Himmelsreise rüsten muß, um stufenweise (über die verschiedenen Engelmächte) der Herrlichkeit Gottes visionär ansichtig zu werden. Dazu kommt aus der zwischentestamentarischen jüdischen Literatur ein bestimmter Akzent der Engellehre: Das Böse und Dämonische wird bestimmten Engelmächten zugeschrieben, die dadurch einen verderblichen Einfluß auf die Welt ausüben, so daß diese zunehmend als dämonisiert und böse angesehen wird.

c. *Griechische Einheitsvision*

Einen großen Einfluß gewinnt in der Gnosis die seit Platon bekannte Idee von der ursprünglichen *Einheit* der Wirklichkeit, von der auf sie folgenden und jetzt noch herrschenden *Spaltung* in Gegensätze und schließlich von ihrer eschatologischen *Wiedervereinigung*[14]. Dieser Dreischritt bezieht sich besonders auf den anthropologischen Bereich (innen—außen, Mann—Frau), den sozialen (oben—unten, Freier—Sklave), den kosmologischen (oben—unten, Makro—Mikrokosmos), den erkenntnismäßigen (rechts—links) und den ethnologischen (die verschiedenen Völker, z.B. Eph 2,14f: Juden und Heiden). Typisch für gnostische Texte ist die ausdrückliche Verbindung von uranfänglicher und endzeitlicher Einheitsvision.

d. *Mythologie*

Schließlich erlangen für das Entstehen der Gnosis Gedanken der griechischen, ägyptischen und der übrigen orientalischen *Mythologie* eine Bedeutung. Gerade was die Entste-

[14] Vgl. Plato, Symposion XV (189c—193d): „Seit so alter Zeit also ist das Liebesverlangen zueinander den Menschen angeboren; es will die Urwesen wieder vereinigen und versucht, aus zweien eins zu machen und die menschliche Natur zu heilen."

hung und den ganzen Werdegang der Welt angeht, greift die Gnosis auf das „mythologische Ablaufschema" von „fortschreitender Dekadenz (‚Fall') und schließlich rettender Umkehrung des Vorgangs" zurück[15]. Auch in diesem Punkt fühlt man sich sehr an die astrologische Kosmologie und Geschichtsphilosophie des New Age erinnert.

4. Grundzüge der systematischen Gnosis und ihre Parallelen zu New Age

Trotz der großen Vielfalt an Schulen und Richtungen, die nicht in ein einheitliches dogmatisches Gesamtsystem gefaßt wurden, lassen sich doch bestimmte gemeinsame Grundzüge innerhalb der gnostischen Systeme herausarbeiten[16]. Ich beschränke mich hier auf die zwei wichtigsten, die auch heute im New-Age-Denken wieder eine Rolle spielen, wenn auch in gewandelter Form.

a. Gnosis und Heil

Das Heil liegt allein in der *Gnosis,* d.h. im Wissen und Erkennen. Damit ist jedoch nicht ein philosophisch-rationales Erkenntnisideal gemeint, sondern ein *religiöses Erkennen.* Und zwar sowohl von seinem Ursprung her: Es stammt nämlich nicht aus eigener Erkenntnisanstrengung, sondern aus dem Geschenk einer himmlischen Offenbarung, die nur dem dafür Empfänglichen zuteil wird. Aber auch von seinem Inhalt her ist diese Erkenntnis religiös geprägt, denn sie richtet sich letztlich auf Gott und die göttliche Natur in ihrer ganzen kosmischen Verbreitung, vor

[15] Kl. Berger, aaO. 530.
[16] Vgl. dazu K. Rudolph, aaO. 58ff.

allem auf das geistige Selbst des Menschen. Wer im Besitz dieses offenbarten Wissens ist, also der „Gnostiker", ist erlöst. Freilich nicht automatisch, sondern nur, indem der Wissende sich in seinem ganzen Verhalten von diesem Wissen bestimmen läßt und so entsprechend seiner innersten göttlichen Natur lebt und handelt (also z.B. im Kampf gegen die Leidenschaften seiner „äußeren", leiblichen Natur). Bei dieser Erlösung kommen dem Menschen himmlische Erlösergestalten zu Hilfe, sog. „Offenbarer" und „Boten", die ihm im Auftrag Gottes die Botschaft von der rettenden Erkenntnis vermitteln und die ihn einweisen in den Weg der rettenden Selbst-, Welt- und Gotteserkenntnis (zuweilen als „Ruf" oder als „Wort", als „Logos", „Christus", „Adam", „Eva", „Engel Baruch", „Weisheit", „Einsicht", „Denkkraft" usw. dargestellt).

Als das Gegenteil von Gnosis wird sowohl die Unwissenheit der „Psychiker" und „Hyliker" (d.h. solcher, die auf dem Erkenntnisstand der irdischen Seele oder gar nur der materiellen Sinne stehen bleiben) wie auch der *Glaube* angesehen. Gerade an dieser Abwertung des Glaubens, des vertrauenden Sich-Verlassens auf das Wort des irdischen Jesus und seiner Zeugen (Lk 5,5: „Auf dein Wort hin..."), hat sich der Protest der Kirchenväter entzündet. Denn in der gesamten biblischen Tradition wird im vorbehaltlosen Vertrauen auf die Treue Gottes die angemessene menschliche Antwort auf die Offenbarung gesehen. Diese tritt ja nicht primär als eine Vermittlung von geheimen Wissensinhalten auf, sondern als Selbst-mitteilung der Liebe Gottes. Das glaubend-vertrauende Annehmen dieser Liebe und nicht das durchschauende Wissen um das Geheimnis Gottes und der Welt hat in der jüdisch-christlichen Tradition Heilsqualität.

Die *Parallele* zwischen Gnosis und New-Age-Bewegung ist deutlich erkennbar: Erlösung geschieht auch hier nicht im glaubenden Entgegennehmen des Geschenks der Liebe Gottes, sondern durch das „neue Bewußtsein", das auf dem Weg der Selbsterfahrung und der darin vermittelten Erfahrung der universalen Einheit und Ganzheit gewonnen wird. Wer zu dieser Erfahrung gelangt, dem ist der Durchbruch zum Neuen Zeitalter und damit zu einem befreiten, erlösten Leben gelungen. Wie weit ist diese Heilslehre doch von Mt 25,31ff („Was ihr dem Geringsten meiner Brüder und Schwestern getan habt...") entfernt! Die handgreifliche *Liebe* zum notleidenden Nächsten ist im Evangelium der heilsentscheidende Maßstab, nicht aber das Maß psychologischer und religiöser Selbst- bzw. Gotteserfahrung. Natürlich besteht zwischen diesen beiden Seiten kein Gegensatz; aber alles kommt auf die Gewichtung an. Für die christliche Heils- und Erlösungsbotschaft scheint mir der folgende kurze Spruch sehr kennzeichnend zu sein, der aus einem russischen Konzentrationslager überliefert wird: „Ich suchte Gott und fand ihn nicht; ich suchte meine Seele und fand sie nicht; ich suchte meinen Bruder/meine Schwester und fand alle drei." Der Weg des Glaubenden zum Heil geht in der Nachfolge Jesu eben nur über die konkrete Liebe zum Nächsten, die auch jedes christliche Beten, Meditieren und Selbstfinden zutiefst bestimmt — gleichsam wie das Vorzeichen vor der Klammer *aller* religiösen Vollzüge.

b. Dualismus und Monismus

Eine eigenartige Verbindung von *Dualismus* und *Monismus* prägt das Welt- und Gottesbild der Gnosis. Einerseits stehen sich Gott und Welt unversöhnlich gegenüber; die materielle Welt gilt als Erscheinung und Machtbereich des Bösen, der Finsternis. Sie ist hervorgebracht durch einen bösen Schöpfer, der häufig mit dem Gott des Alten Testaments gleichgesetzt wird, der aber nicht identisch ist mit dem absolut transzendenten, unbekannten und guten Gott, der der Urgrund allen Seins ist. Die materielle Welt ist gleichsam das letzte „Abfallprodukt" eines stufenweisen Abstiegs von diesem wahren Gott, so daß sie schließlich von einem bösen, unwissenden, dummen Demiurgen geschaffen wird. Seitdem steht sie auch weiterhin ganz unter der Herrschaft dämonischer Mächte. Dieser antimaterialistische und kosmosfeindliche Zug durchherrscht alle gnostischen Systeme — ganz im Gegensatz zu der jüdisch-christlichen Theologie, die an der Einheit von Schöpfung und Erlösung (und damit von Schöpfergott und Erlösergott) festhält: Diese Welt ist im ganzen als Geschöpf des guten Gottes gut, bewahrenswert, zur Auferstehung des „Leibes" bestimmt. Alle sündige Verderbtheit ist der geschichtlichen Freiheit des Menschen und ihrer naturalen Vorgeschichte zuzuschreiben, die aber nicht die fundamentale Gutheit der Welt aufheben können (dank der bejahenden und erhaltenden Schöpferliebe Gottes).

Auf der anderen Seite nun wird dieser gnostische Dualismus von Gott und Welt, von gut und böse durch einen damit verbundenen *Monismus* aufgebrochen. Denn diese Welt ist nicht schlechthin das böse Andere gegenüber dem transzendenten Gott, sondern birgt in sich, nämlich im Menschen und seiner Seele, einen unsterblichen göttlichen Funken („Pneuma", Geist), der den Menschen im tiefsten wesensgleich mit Gott sein läßt. Dieses innerste göttliche Selbst des Menschen („Seele", „Vernunft", „wahrer Mensch") ist bei der Schöpfung in die Materie gefallen (was in den zahlreichen gnostischen Kosmogonien und Anthropogonien ausgemalt wird) und muß nun daraus wieder befreit werden, um mit Gott vereinigt zu werden. Innergeschichtlich geschieht dies durch die „Gnosis", die Selbsterkenntnis der Seele; endgültig jedoch erst im Tod, eben in der Trennung der göttlichen Seele vom irdischen Leib[17]. Dieser göttliche „Geistfunke" ist sowohl Träger wie auch Gegenstand des erlösenden Wissens, d.h. er *ermöglicht* überhaupt erst die höhere, geistige Erkenntnis des Menschen. Und zugleich *richtet* sich die Erkenntnis auf dieses göttlich-geistige Selbst, um es zu entdecken und als „Garant

[17] Zur Kosmogonie der Gnosis vgl. die kurze Zusammenfassung bei K. Rudolph, aaO. 84.

der Befreiung aus dem Kosmos zu erfahren. Die ganze gnostische Erlösungslehre kreist darum, diesen göttlichen, durch verhängnisvolle Ereignisse in die Welt ‚gefallenen' Lichtfunken zu seinem Ursprung zurückzuführen, mythologisch als ‚Seelenaufstieg' dargestellt"[18].

Auch hier ist der Unterschied zum jüdisch-christlichen *Glauben* erkennbar: Nach ihm sind die Welt, der Mensch *und* seine Seele ganz und gar „geschaffen", also endliche, nicht-göttliche Wirklichkeit. Was die „Unsterblichkeit" (besser: „Unzerstörbarkeit") der Seele angeht, so beruht diese nicht auf einer göttlichen Seinsqualität des innersten Selbst des Menschen, sondern allein auf der Beziehung der Liebe, in der Gott zu seinem freien Geschöpf ein für allemal, unwiderruflich Ja gesagt hat. Das liebende Ja Gottes zum Anderen seiner selbst ruft dieses Andere ins Dasein und bewahrt es endgültig darin. Das Christentum kennt also weder den radikalen Dualismus noch den sublimen Monismus der Gnosis. Es deutet Einheit und Verschiedenheit zwischen Gott und Welt als *Beziehung der Liebe,* die in der Einigung zugleich die Pole der Beziehung unterscheidet und als so unterschiedene gelten läßt.

Demgegenüber kommt in diesem Punkt wiederum die Nähe der *New-Age-Theorie* zur Gnosis klar zum Vorschein: Der gnostische *Dualismus* wird jetzt im weltbildlichen Rahmen der Evolution und des Fortschritts *vergeschichtlicht;* d.h. er wird in den radikalen Gegensatz zwischen vergehendem Alten Zeitalter und aufkommendem Neuen Zeitalter transponiert. Der Verteufelung des alten „Paradigma" steht die Verklärung des neuen unvermittelt gegenüber. Aus dem vertikalen Dualismus Gott—Welt wird jetzt — nach der neuzeitlichen Verabschiedung eines transzendenten Gottes — der horizontale, naturgeschichtliche Dualismus zwischen böser, dekadenter Gegenwart bzw. Vergangenheit (der letzten 2000 Jahre) und guter, heilbringender Zukunft der Welt. Daß dieser Negation der Gegenwart

[18] K. Rudolph, aaO. 98.

in der New-Age-Weltanschauung ein gewisser *spiritualisierender* Zug (wie auch der Gnosis) anhaftet, läßt sich nicht leugnen. Er tritt heute weniger als Leib- und Kosmosfeindlichkeit auf, sondern eher als eine apolitische Innerlichkeit, die dem direkten politischen Handeln eher distanziert gegenübersteht; sie hofft stattdessen mehr darauf, daß sich durch Meditation und Bewußtseinsveränderung der einzelnen auch die gesellschaftlichen Strukturen allmählich verändern. Mir scheint, daß in einer ausgewogenen, d.h. Spiritualität (bzw. Individualität) und Materialität (bzw. Gesellschaftlichkeit) unseres Daseins gleichermaßen berücksichtigenden Sicht die Umkehr der einzelnen und die Veränderung der Strukturen nicht so einlinig verlaufen, sondern sich wechselseitig bedingen und fördern.

Wie steht es aber mit dem gnostischen *Monismus* innerhalb der New-Age-Theorie? Auch dieser wird aus dem antiken in unser neuzeitliches Weltbild transponiert, und zwar dadurch, daß jetzt die ganze Wirklichkeit als *ein* Geschehen der evolutiven, geistigen Selbstorganisation gedeutet wird. In allem Sein, besonders deutlich im menschlichen Bewußtsein, wirkt zuinnerst dieser eine und selbe „Geist“, diese quasi-göttliche Energie der Selbstorganisation und Selbsttranszendenz, die auf eine letzte, voll durchgeistigte und bewußte Einheit aller mit allem hinzielt (s. III, 4.).

V. Zum Umgang mit okkulten Phänomenen heute

1. Begriffsklärung: Was ist Okkultismus?

Dieses Kapitel steht nicht in einem unmittelbaren Zusammenhang mit New Age, höchstens insofern, als der Okkultismus eine besonders auffällige Manifestation des „Zeitgeistes“ und der allgemeinen zeitgeschichtlichen „Stimmungslage“ darstellt. Diese wendet sich — der technisch-instrumentellen Rationalität überdrüssig — eben wieder einmal verstärkt dem Gefühl, dem Verborgenen, Unbegreiflichen und Geheimnisvollen unserer Wirklichkeit zu. So ist seit einigen Jahren die Beschäftigung mit okkulten Phänomenen bei uns in Mode gekommen, diesmal besonders auch bei Kindern und Jugendlichen. Geradezu epidemieartig hat sich eine okkulte Welle vom Herbst 1985 an, besonders am Niederrhein und im Münsterland, ausgebreitet, die sowohl Schulen als auch Familien, Vereine und Pfarreien erfaßte. Eine intensive Aufklärungsarbeit der Religionslehrer und Seelsorger dort hat sicher mit dazu beigetragen, daß die neu erwachte Faszination bald wieder abgeebbt ist[1]. Solche auf- und abwallenden Strömungen des Okkultismus sind in der

[1] Vgl. dazu das ausgezeichnete Informationsblatt: Unsere Seelsorge 36 (Okt. 1986), Hg. Hauptabteilung Seelsorge des Bischöfl. Generalvikariats Münster; U. Niemann, Okkultismus, in: Geist und Leben 60 (1987) Heft 4, 299—304; J. Mischo, Okkultismus und Seelsorge, in: New Age — aus christlicher Sicht, Freiburg/Schweiz 1987, 127—165; G. Holtz, Die Faszination der Zwänge. Aberglaube und Okkultismus, Göttingen 1984; E. Benz, Parapsychologie und Religion, Herderbücherei 1025, Freiburg 1983; H. Baer, Neue Wege zur Transzendenz? (Hg. Kath. Sozialethische Arbeitsstelle Hamm), Hoheneck Verlag, Hamm o.J. bes., S. 39—53; H. Kals, Kontakt mit Verstorbenen, Herderbücherei 1398, Freiburg 1987.

Geschichte Europas ständig zu beobachten, besonders in Krisenphasen und Umbruchsituationen.
Zunächst etwas zum Begriff: Unter *okkulten* Phänomenen versteht man jene wahrnehmbaren Vorgänge, in denen psychische und/oder außerpsychische, also in der natürlichen Umwelt des Menschen angesiedelte Kräfte wirken, die entweder wissenschaftlich (durch Naturwissenschaften oder Psychologie) noch nicht erklärt werden können, oder bei denen wissenschaftliche Experimente und Erklärungen methodisch an ihre Grenzen stoßen, oder die durchaus bereits wissenschaftlich plausibel erklärt werden können, ohne daß dies ins öffentliche Bewußtsein gedrungen wäre, also z.B. Tischrücken, Glasrücken, Pendeln, Hellsehen, Telepathie, Präkognition, Psychokinese, Erfahrungen der extremen Todesnähe, Bilokation usw. Davon zu unterscheiden ist der *Okkultismus* als Inbegriff der praktischen Beschäftigung und der außerwissenschaftlichen Theoretisierung dieser Phänomene. Zu beachten ist, daß die Phänomene *als solche* durchaus mit unseren normalen empirischen Erkenntnisfähigkeiten festzustellen und teilweise zu überprüfen sind (z.B. das Tischrücken o.ä.). Ihre Faktizität einfachhin zu leugnen oder alles als Betrug und faulen Trick abzutun, ist — nach dem gegenwärtigen Stand der seriösen *Parapsychologie,* die wissenschaftlich-statistisch-experimentell alle diese Phänomene erforscht und zu erklären versucht — Ausdruck eines bornierten Rationalismus, nach dem eben „nicht sein kann, was nicht sein darf", da es nicht in sein geschlossenes, dogmatisch-rationalistisch fixiertes Weltbild paßt. Einer der wichtigsten anerkannten Parapsychologen, Prof. J. Mischo (Freiburg), faßt die grundsätzlichen Ergebnisse der Parapsychologie so zusammen:

1. „Aufgrund der quantitativ-statistischen Laborexperimente können ASW- und PK-Phänomene im Prinzip als nachgewiesen gelten. Psifähigkeiten sind beim Menschen allgemein verbreitet, aber unterschiedlich ausgeprägt.

2. Sie entziehen sich einer bewußten, willentlichen Steuerung und hängen von unbewußten seelischen Faktoren ab.

3. Veränderte Bewußtseinszustände, vor allem die Absenkung der Bewußtseinsschwelle, wie sie uns in Trance, Traum und Meditation begegnet, begünstigen das Auftreten der Psifähigkeiten.

4. Wie wir aus Laboratoriumsuntersuchungen wissen, spielen bei den Versuchspersonen der Glaube an ihre Fähigkeiten und den Erfolg im Experiment eine Rolle, Motivation und Stimmung, aber auch überdauernde Persönlichkeitszüge, wie Extraversion und Selbstsicherheit, sowie das emotionale Klima im Laboratorium.

5. Es gibt bislang keine Technik, durch die man zuverlässig ‚Psifähigkeiten' erlernen oder beherrschen könnte."[2]

Ich werde in diesem Zusammenhang nicht das weite Feld okkulter Phänomene heute behandeln, sondern mich auf das eine, für den Glauben besonders relevante Thema beschränken: Was ist von dem sog. „Kontakt mit den Verstorbenen" zu halten, der durch bestimmte spiritistische Praktiken (z.B. beim Tischrücken oder Glasrücken) gesucht und hergestellt wird? Ich möchte darauf von der psychologischen, spiritistischen, theologischen und pastoralen Seite her eingehen.
Zunächst aber etwas zum *Phänomen* einer solchen spiritistischen Kontaktsuche: „Es hatte sich schon im Sommer 1985 in Bedburg-Hau und in Kleve herumgesprochen: Man kann mit den Toten reden. Mittlerweile hört man überall in der Diözese davon. Man kann die Toten befragen, und sie geben Antwort. Man braucht nur eine kleine Gruppe von Menschen, eine Tapete zum Beschriften und vor allem ein kleines dreibeiniges Tischchen, bei dem in ein Bein ein Schreibstift eingesetzt ist. Die Teilnehmer der Gruppe, die mit den Toten in Verbindung treten wollen, legen jeweils eine Hand möglichst mit gespreizten Fingern auf das Tisch-

[2] J. Mischo, Okkultismus und Seelsorge, aaO. 136f; ASW-Phänomene = „Außersinnliche Wahrnehmungen", PK-Phänomene = „Psychokinese".

chen und stellen Fragen. Nach einiger Zeit setzt sich das Tischchen in Bewegung und schreibt die Antwort auf die Unterlage, wenigstens in den meisten Fällen. Weil der Tisch beim Schreiben nicht absetzen kann, muß man manchmal etwas raten. Aber in der Regel ist das Geschriebene eindeutig. Man stellt Fragen über das Befinden des Toten, über sein damaliges Leben, über den Zeitpunkt und den Umstand des Todes u. a. m. Man fragt auch, was er, der Verstorbene, über Einzelheiten unseres Lebens weiß. Sogar bezüglich der eigenen Zukunft stellt man Fragen. Und alles, so die Auskunft der Tischrunden, wird in der Regel schreibend beantwortet."[3]

2. Zur Theorie okkulter Phänomene

Was ist von diesen Dingen zu halten? Wie sind sie zu erklären? Seit dem vorigen Jahrhundert stehen sich hier zwei Interpretationsrichtungen gegenüber: die sog. „animistische" (= Animismus) und die sog. „spiritistische" (= Spiritismus). Die erste (vom lat. „anima" : Seele) führt solche Vorgänge auf innerseelische Kräfte zurück, die unter bestimmten Voraussetzungen aktiviert werden können und sich in bestimmten Äußerungen manifestieren. Die zweite (vom lat. „spiritus": Geist) sieht den Grund solcher Vorgänge im direkten Eingreifen jenseitiger Geister von Verstorbenen, die unter bestimmten Bedingungen herbeigerufen werden können und sich äußern. Die erste Hypothese wird heute weitgehend von der wissenschaftlichen Psychologie und Parapsychologie favorisiert und jeweils mit den entsprechenden Methoden begründet.

[3] Aus: G. Meier, Mit den Toten sprechen? in: Unsere Seelsorge 36, aaO. 2.

Das sog. „automatische Schreiben" des Tisches bzw. des Glases beruht demnach auf unwillkürlichen, gleichsam automatischen Muskelbewegungen der auf dem Tisch bzw. Glas liegenden Hände; diese Bewegungen werden durch Impulse aus dem Bereich des individuellen und kollektiven Unbewußten in uns selbst in Gang gebracht („psychomotorische Automatismen"). „Unter unserer bewußten Schicht befindet sich — bildlich gesprochen — eine Tiefenschicht. Und dieser Bereich unserer menschlichen Person steckt voller Energien und Kräfte, die unser tägliches Tun und Lassen beeinflussen, oft mehr als unser Bewußtsein. Vieles, was wir einmal erlebt haben, was uns aber nicht mehr bewußt ist, was wir auch gern vergessen haben, weil es uns unangenehm ist, findet sich in dieser Schicht wieder. Es gibt kaum etwas, was wir, einmal erlebt, ganz aus unserem Leben herauswerfen können. Das Unbewußte fängt es auf. Aber diese Inhalte erhalten hier keine Endlagerung: Sie führen ein energiegeladenes Eigenleben und suchen darüber hinaus immer neue Möglichkeiten, ins bewußte Erleben zu kommen. In der Regel hindert aber eine starke Absperrung daran. Wenn diese Absperrung aber einmal durchbrochen ist, kommen oft Bilder und Erfahrungen an die Oberfläche, die man nie für möglich gehalten hat, ja, vor denen man erschrecken kann und die manchmal ein ganzes Leben durcheinanderbringen können."[4]

Solches Unbewußte tritt z.B. im Traum, in der Hypnose, in Trancezuständen, in der Psychoanalyse, aber auch in okkulten Sitzungen ins Licht des Bewußtseins. Dabei hat es die Tendenz, solche auftauchenden Inhalte in „mythopoietischer" Weise zu personifizieren, d.h. mit einer konkre-

[4] AaO. 4; G. Meier führt noch einige alltägliche Beispiele für solche „psychomotorischen Automatismen" an: z.B. das unbewußt – automatische Malen von Figuren und Strichen bei langweiligen Konferenzen, Vorlesungen, Telefongesprächen ...

ten, von uns verschiedenen menschlichen Gestalt zu verbinden (was im Traum sehr deutlich wird). Wenn nun in solchen Sitzungen die Erwartungen der Teilnehmer auf das sog. „Jenseits" gerichtet sind, liegt es nahe, die auftauchenden Gehalte des Unbewußten als Äußerungen verstorbener Personen zu interpretieren. Nicht bei allen Menschen ist die Fähigkeit gleich, das Unbewußte zu aktivieren und ins Bewußtsein zu heben; diejenigen, bei denen es leichter geht, werden von der Parapsychologie „Paragnosten", im Spiritismus „Medien" genannt. Zweifellos spielen bei okkulten Gruppensitzungen auch gruppendynamische Prozesse eine erhebliche Rolle, und zwar die unbewußte Übertragung von Gefühlsinhalten unter den Teilnehmern oder auch anderer Personen, mit denen man sich im Augenblick eng verbunden weiß. Was also bei diesen Vorgängen aufgeschrieben wird, kann — verstärkt durch ein fähigeres „Medium" — durchaus dem Unbewußten der verschiedenen Teilnehmer oder auch ganz anderer Personen außerhalb des Kreises entstammen.

Welche psychischen Mechanismen sind es nun speziell, die in solchen okkulten Sitzungen das Unbewußte zu bestimmten Muskelbewegungen und den daraus entspringenden schriftlichen Äußerungen aktivieren können? U. Niemann SJ hat sowohl von einer Psychologie des Verstehens aus (die also die wahrnehmbaren Motive und Begründungen menschlicher Handlungen erfaßt) wie auch von einer Psychologie des Unbewußten aus (die eher die verborgenen Motive und Strukturen des Handelns analysiert, auch oft gegen den Widerstand der bewußten Motivierung) *vier* solcher *Faktoren* hypothetisch herausgearbeitet, die sowohl für die Beschäftigung mit dem Okkulten überhaupt wie auch für das Zustandekommen okkulter Phänomene ausschlaggebend sein könnten[5]:

(1) Die *Faszination* des Okkulten

Das an sich dem Alltagsbewußtsein und dem methodisch-wissenschaftlichen Erkennen Verborgene, Hintergründige,

[5] U. Niemann, Okkultismus, aaO.

Mysteriöse übt seit eh und je eine große Anziehungskraft aus, die für viele, die ihr nachgeben, unwiderstehlich wird und sich bis zur Sucht steigern kann. Neugier, Wissensdurst, Sensationslust, Schaudergefühle machen Menschen empfänglich für alles Okkulte.

(2) *Angstabwehr* durch Kenntnis des Okkulten
Das scheinbare Durchschauen verborgener Geheimnisse und vor allem der Zukunft kann als unbewußter Verdrängungs- und Abwehrmechanismus des Ich wirken, um mit seinen Existenz- und Zukunftsängsten, auch mit Ängsten vor Krankheiten (z. B. Krebs) besser fertig zu werden (also sie auszuhalten, sie zu vergessen, sie zu überspielen o. ä.). Gerade das heute unter Jugendlichen verbreitete Wiederaufleben okkulter Praktiken scheint hier seinen vornehmlichen Grund zu haben.

(3) *Depressionsabwehr* durch okkultes Wissen
Hier geht es um Kompensation von mangelnder Ich-Stärke, von Minderwertigkeitskomplexen, von Sinnkrisen und Depressionen. Das Wissen um die verborgenen Geheimnisse kann einem solchen Menschen das Gefühl der Macht, der Stärke, des Besonderen, der Sicherheit verleihen. Die unbewußte Sehnsucht nach solcher Sicherheit kann durchaus bestimmte okkulte „Informationen“ produzieren. „Es kann hypothetisch angenommen werden, daß die Beschäftigung mit okkulten Phänomenen gewisse unbewußte Konfliktvermeidungsstrategien einschließt, welche Gefühle der eigenen Kleinheit und Deprimiertheit abwehren.“ „Ferner ist zu vermuten, daß Ich-Ideal und Über-Ich mangelhaft in die Gesamtpersönlichkeit eines Jüngers der Okkultszene integriert sind. Jedenfalls erscheinen die Teilnehmer an der Okkultszene anfällig für fragwürdige Über-Ich-Repräsentanzen, zweifelhafte Idole und fragwürdige Ideologien.“[6]

[6] AaO. 303 f.

(4) Das Okkulte als *Glaubensersatz*
Auch hier ist ein bestimmter Abwehrmechanismus am Werk: nämlich die grundsätzliche Endlichkeit und Zerbrechlichkeit des Menschen zu verdrängen durch ein gottähnliches Wissen um alle Daseins-Geheimnisse und durch ein magisches Beeinflussenwollen des Schicksals. Die an sich humane Weise des Aushaltens der Endlichkeit, nämlich aus einem Grundvertrauen zur Wirklichkeit heraus sich in seiner Endlichkeit anzunehmen und ihre Möglichkeiten nach Kräften auszuschöpfen, wird kompensiert durch den alten und dennoch illusionären Wunsch, dieser Endlichkeit absolut zu entrinnen und wie Gott sein zu wollen. Von daher ist die scharfe Ablehnung okkulter Praktiken im Judentum und im Christentum zu verstehen: Sie gelten in der Tat als Unglaube, als Vertrauensbruch gegenüber jenem Gott, in dessen Treue allein das Geheimnis jedes Lebens und seiner Zukunft geborgen ist.

b. Die „spiritistische" Deutung

Im Gegensatz zu solchen mehr wissenschaftlich orientierten Interpretationen steht die spiritistische Deutung okkulter Phänomene, die ihren Platz innerhalb der Weltanschauung bzw. der *Religion* des *Spiritismus* hat[7]. Der Glaube an real existierende, sich auch in unserer raum-zeitlichen Welt manifestierende Geister (verstorbener Menschen oder Engel oder Naturwesen) ist so alt wie die Religionen selbst. Aber zu einer neuzeitlichen Weltanschauung, die sich vom christlichen Glauben abtrennte und ihn ersetzen wollte, wurde der Spiritismus im westlichen Kulturbereich erst seit der Mitte des 19. Jahrhunderts, vor allem durch die Veröffentlichungen des französischen Arztes Allan Kardec (1804—1869), der mit seinem Werk „Das Buch der Geister" (1859) die ideologische Grundlage des Spiritismus schuf.

[7] Vgl. dazu H. Reller/M. Kießig (Hg.) Handbuch Religiöse Gemeinschaften, Gütersloh [3]1985, 447—463.

Inzwischen hat sich diese Lehre über die ganze Erde verbreitet, keineswegs nur unter einfachen, dem Aberglauben leicht zugänglichen Leuten. 1960 schätzte man seine Anhänger weltweit auf 100 Millionen. Da jedoch in den letzten Jahrzehnten, vor allem in Brasilien, eine spiritistisch-synkretistische Volksreligiosität namens „Umbanda" sich sehr stark ausbreitet (man rechnete 1984 mit 35 Millionen Anhängern in Brasilien, unter denen auch viele Katholiken sind), dürfte die Zahl der gläubigen Spiritisten noch ständig wachsen.
Von solchem religiösen Spiritismus zu unterscheiden sind die bei uns üblichen *spiritistischen Séancen*, in denen Kontakt mit Verstorbenen zum Zweck der Informationsvermittlung aus dem „Jenseits" gesucht wird (z. B. „wie der Sterbende seinen Tod ‚erlebt'; wie er ‚drüben' ankommt und empfangen wird, wie die Jenseitswelt beschaffen ist; welcher Auftrag auf den Ankömmling dort wartet; welche Gefahren ihm drohen und welche Chancen und Ziele er hat"[8], aber auch welches Schicksal dem Fragenden hier auf Erden bevorsteht usw.). Dabei wird natürlich keineswegs immer der ganze weltanschauliche Hintergrund des Spiritismus bejaht.
Einige zentrale Punkte des *weltanschaulich-religiösen Spiritismus* seien kurz genannt[9]:

(1) Die „grobstoffliche", materielle *Welt* ist nur ein kleiner Teil der Wirklichkeit; sie ist umgeben und durchdrungen von der viel umfassenderen „feinstofflichen" Welt (Äther- bzw. Astralwelt), die aus unsichtbaren, dem Magnetismus vergleichbaren Strahlen in verschiedenen, die jeweilige „Seinsqualität" bzw. „Seinshöhe" bestimmenden „Frequenzen" besteht.

(2) Dasselbe gilt auch für den *Menschen*, der aus materiellem Körper, feinstofflichem Astralleib und Geist besteht. Nur der erste ist sterblich, wohingegen der Astralleib als Wohnung des unzerstörbaren Geistes ebenfalls unsterblich ist, obwohl er ein genaues feinstoffliches Abbild des materiellen Körpers ist.

[8] AaO. 450.
[9] AaO. 451ff.

(3) Zu seiner sittlichen Vollendung und Glückseligkeit bedarf der Geist vieler *Re-Inkarnationen*, durch die er immer freier von allen Bindungen an das Materielle werden soll. Als höchste sittliche Forderung gilt die Nächstenliebe.

(4) Der *Tod* wird als ein relativ bruchloser Übergang des Geistes in seinem Astralleib aus dem Diesseits ins Jenseits vorgestellt. Um diesen Übergang ohne große Verwirrung zu bewerkstelligen, ist der irdische Glaube an dieses Weiterleben eine wichtige Voraussetzung. Ansonsten droht dem Geist ein zielloses Umherirren zwischen Diesseits und Jenseits, da er als Ungläubiger nicht unterscheiden kann, wo und wie er überhaupt jetzt lebt.

(5) Die jenseitige *Astralwelt* ist ein genaues Abbild der irdischen Welt, mit Landschaften, Tieren und Pflanzen, Häusern und Gärten, Bibliotheken, Museen, Warenhäusern, Teestuben, Schwimmbädern usw., alles jedoch in Frieden, Harmonie und großer Annehmlichkeit. Allerdings gibt es auch eine zeitlich begrenzte, der Läuterung dienende Hölle („Gottes Besserungsanstalt"). Je nach Strahlenfrequenzen werden verschiedene Ebenen dieser Jenseitswelt unterschieden, die genau den verschiedenen Vollkommenheitsgraden der Menschen entsprechen, die sie im irdischen Leben erreicht und die sich in ihrem Astralleib ausgeprägt haben. „Der geistige Fortschritt oder Rückschritt während des Erdenlebens wirkt sich auch auf den Astralleib aus und verleiht ihm eine höhere oder niedrigere Frequenz, und nach dem physischen Tod kommt der Geist in die Sphäre, die die gleiche Frequenz hat — das ist eine Art automatisches Gericht, das spiritistische Gegenstück zum biblischen Jüngsten Gericht. Der ganze Weg der Geister steht im Zeichen eines pädagogischen Evolutionismus ..."[10]

(6) Die *Erkenntnisgrundlage* des Spiritismus beruht auf der Erforschung und Interpretation okkulter Phänomene, in denen Mitteilungen aus dieser Jenseitswelt der Geister erfragt und empfangen werden.

[10] AaO. 453.

Soweit zu diesem weltanschaulichen Hintergrund des Spiritismus, auf den wir hier aber nicht näher eingehen wollen. Unsere Frage lautet jetzt vielmehr: Was ist überhaupt von der spiritistischen Deutung okkulter Phänomene zu halten? Nach Aussagen fachkundiger Parapsychologen zwingen die beobachteten Phänomene keineswegs dazu, die psychologische Deutung zu verlassen und die spiritistische Ebene zu betreten. Gerade die Deutung mit Hilfe des sog. „kollektiven Unbewußten", das in sich Gehalte, Vorstellungen, Bilder und Antriebskräfte enthält, die das persönliche Bewußtsein und Unterbewußtsein des einzelnen weit übersteigen, und in dem — über die Geninformation — auch Bewußtseinsinhalte ganz vergangener Zeiten und Generationen gespeichert werden können, kann eben durchaus jene „Informationen" erklären, die von den einzelnen Teilnehmern spiritistischer Sitzungen her, je für sich genommen, unerklärlich sind. Die Versuchung, solche unerklärlichen Vorfälle dennoch spiritistisch deuten zu wollen, ist sicher groß; scheint diese Deutung doch umfassender und erklärungsfähiger zu sein als die psychologische, die mit den Allgemeinbegriffen des persönlichen und kollektiven Unbewußten natürlich nicht alle konkreten Einzelinformationen präzise erklären kann. Von daher ist die spiritistische Deutung sicher nicht einfach definitiv auszuschließen. Die Frage ist nur, ob die zugrundeliegende Auffassung stimmt, daß wirklich *alles* in unserer Erfahrung Begegnende letztlich empirisch auf schlüssige und erschöpfende Weise erklärt werden muß. Kann es nicht gerade der Wirklichkeit des Todes und der Toten gegenüber gemäßer sein, nicht alles damit Zusammenhängende in irgendeiner Weise empirisch erklären und ableiten zu wollen? Setzt nicht der Tod dem menschlichen Erklären- und Wissen-Wollen von sich her eine radikale Schranke, die zu achten dem Phänomen „Tod" gemäßer ist und die auch der humanen Würde der Verstorbenen mehr entspricht als ein in den Tod eindringendes Wissen und Erleben, das ihn und das Sein der Toten auf vergleichbare Art erforschen will wie das Leben

auf dieser Erde? Gerade wegen dieser zwar verständlichen, aber doch nicht einfach legitimierbaren Neugierde, die das Anderssein des Todes und seines Sich-Entziehens nicht aushalten kann, sollten wir Christen solchen spiritistischen Deutungen gegenüber sehr zurückhaltend und skeptisch sein.
Aber spricht nicht auch der christliche Glaube vom Tod und vom Leben der Toten? Zweifellos. Aber das unterscheidet sich — wenn es theologisch legitim sein soll — ganz erheblich von der spiritistischen Redeweise. Das wollen wir im nächsten Abschnitt erläutern.

3. Zum theologischen Verständnis der „Beziehung zu den Toten"

a. Die Toten — ein Thema des Glaubens

Die christliche Theologie kann — aufgrund der Glaubenserfahrung von Tod und Auferstehung Jesu und der damit verbundenen Hoffnung auf die Auferstehung der Toten — nicht einfach den Tod und das Schicksal der Toten schweigend übergehen[11]. Bei aller gebotenen Diskretion und Zurückhaltung ist es ihr von der Botschaft des Glaubens her aufgegeben, zu einem gemäßen (theoretischen und praktischen) Umgang mit dem Tod und den Toten anzuleiten. Gerade eine zu große Zurückhaltung auf diesem Gebiet fördert kontraproduktiv spiritistische Praktiken und Deutungsmuster, wie es die letzten Jahrzehnte kirchlicher Verkündigung beweisen. Wenn die Themen um Tod und „Leben nach dem Tod" fast ganz aus unserer Verkündigung verschwinden (aus Angst vor falscher Jenseits-Vertröstung

[11] In diesem Zusammenhang will ich keine umfassende „Theologie des Todes" darlegen; siehe dazu M. Kehl, Eschatologie, aaO. 252—298.

und Diesseits-Vernachlässigung) oder nur noch ganz abstrakt und unanschaulich abgehandelt werden, sucht sich die existentielle Betroffenheit vieler angesichts des Todes und der Ungewißheit des „Danach“ eben andere, meist spiritistische Hilfen und Antworten. Hier liegt die Herausforderung christlicher Eschatologie: nach dem Beispiel der Gleichnisse Jesu die reiche Symbolik der vollendenden Liebe Gottes anschaulich zu entfalten.

b. Das Anderssein der Toten

Zugleich jedoch muß die Theologie — in einem schwierigen Balanceakt — zu konkrete, unserer empirischen Erfahrungswelt zu sehr angepaßte und sie einfach über den Tod hinaus verlängernde Beschreibungen des Lebens der Toten vermeiden. Denn angemessen kann sie nur davon reden, wenn sie das unbedingte Anderssein des Todes und des Lebens der Toten gegenüber allen uns hier zugänglichen Phänomenen betont. Andernfalls degeneriert die Theologie zur Variante eines christlichen Spiritismus, den es natürlich auch gibt, der aber keineswegs die authentische Entfaltung des biblischen Glaubens an die Auferstehung wiedergibt. Zwischen dem erfahrbaren Leben hier und dem Leben der Toten gibt es für den christlichen Glauben keine durchgehende „parapsychologische“ oder „feinstoffliche“ Verbindungslinie, keine noch so vergeistigte Extrapolation. Wer stirbt, so hoffen wir, tritt in eine ganz andere, raum- und zeitenthobene Daseinsweise ein, die im Geschenk der endgültigen, unverborgenen und unangefochtenen Teilhabe am Leben Gottes besteht. Was das im einzelnen erfahrungsgemäß für die Toten bedeutet, können wir nicht erforschen. Es bleibt das Geheimnis des Todes und seiner (für alle Noch-nicht-Gestorbenen unzugänglichen) Teilhabe am Geheimnis des lebendigen Gottes.

Damit wird keineswegs *jede Verbindung* zwischen Lebenden und Toten geleugnet. Im Gegenteil: In der „Gemeinschaft der Heiligen" bleiben wir aufs engste miteinander verbunden, nämlich durch den allen gemeinsam gegebenen Geist der Liebe zwischen Vater und Sohn. *Dieser* Geist Gottes, der in gar keiner Weise identisch ist mit noch so vergeistigten Formen unserer Welt, ermöglicht einen christlich legitimen „Kontakt" mit den Verstorbenen. Und zwar ist es einzig und allein eine Beziehung der Liebe und damit des Vertrauens und der Hoffnung füreinander. Diese Beziehung der Liebe äußert sich z. B. konkret im gedenkenden Gebet für die Verstorbenen; d. h. wir vertrauen, daß *sie* im Gedächtnis Gottes, in seinem Gedächtnis des Todes und der Auferstehung Jesu mit-aufgehoben bleiben. Unser Gebet ist gleichsam das sakramentale Zeichen dieses Gedächtnisses Gottes. Eine andere Form dieser Beziehung der Liebe bildet das Gebet um Fürsprache der Verstorbenen für uns; d. h. wir bitten und vertrauen, daß *wir* in allem, was uns hier begegnet, niemals aus der universalen Gemeinschaft aller Geschöpfe mit Gott herausfallen, sondern jetzt und im Tod mit ihnen Anteil bekommen am ewigen Leben Gottes. Die Beziehung zwischen Lebenden und Toten innerhalb der Communio des Hl. Geistes ist also eine solche der bleibenden gegenseitigen Solidarität in der Frage unseres Heiles.

Von daher ist es klar, daß jedes eigenmächtige Manipulieren und Herbeizitieren-Wollen von Toten durch okkulte Praktiken vom christlichen Glauben her entschieden abgelehnt werden muß. So etwas verletzt eindeutig die Liebe und die Ehrfurcht vor dem Sein der Toten. Magisches Verfügen- und Wissen-Wollen hat einfach keinen Platz in der Liebe; es ist schlichtweg ein Ausdruck mangelnden Vertrauens.

d. *„Erscheinungen" von Verstorbenen*

Wie steht es aber nun mit der Beziehung, die einzelne Verstorbene *von sich aus* mit Lebenden aufzunehmen scheinen, und zwar in einer Form, die über die „normale" Weise des solidarischen Füreinander-Betens hinausgeht? Also z.B. in Gestalt von Erscheinungen oder Visionen, von Auditionen und Traumgesichten, die alle bei dem betreffenden Empfänger den Eindruck des Außergewöhnlichen, des von außen Kommenden und des tief in sein Leben Einbrechenden erwecken? Nun, auch hier gilt, daß es keinen unvermittelten, irgendwie direkten und „durchlässigen" Übergang vom Jenseits des Todes zu unserem Diesseits gibt. Jede mögliche Beziehung steht von *beiden* Seiten aus einzig im Horizont des Glaubens, der Hoffnung, der Liebe. *Innerhalb* dieses Horizontes kann nun die Beziehung eines Verstorbenen zu uns eine Form annehmen, die in bestimmten Fällen Tiefenschichten unserer Seele, unserer Erlebnisse und Hoffnungen, unserer produktiven Phantasie und Bildkraft wachruft und sich aus diesem in uns bereitliegenden „Material" die besondere Gestalt der Selbstdarstellung formt. Verstorbene können also durchaus – im Horizont des Glaubens – von sich aus unter uns „erscheinen", aber eben nur in der Weise, wie *wir*, die in Raum und Zeit Lebenden, sie erleben können, nicht aber, wie sie in sich selbst als Vollendete, Raum- und Zeitenthobene sind. Solange wir nicht auch in ihrer vollendeten Wirklichkeit leben, solange wir „in statu viatoris" (im Stand des Pilgers) und nicht im „lumen gloriae" (im Licht der Herrlichkeit) stehen, bleibt dieser erkenntnismäßige „Bruch" in jeder Begegnung mit Verstorbenen, auch in der außergewöhnlichsten bestehen. Wir können den Tod Jesu und unseren eigenen Tod in Taufe, Glaube und liebender Selbsthingabe „realsymbolisch", sakramental vorwegnehmen. Aber solange nicht die letzte Einlösung dieser Vorwegnahme in unserem leiblich-ganzmenschlichen Tod geschehen ist, bleibt jede Beziehung zu den Toten und auch der Toten zu uns innerhalb dieser zeichenhaft-vermittelten, durch unsere Zeitlichkeit gebrochenen Dimension. Andernfalls verlöre der Tod völlig seine einmalige, heilsrelevante Bedeutung als das endgültige Eintreten in das Leben der Vollendung, eben der Auferstehung. So sagt auch K. Rahner (im Hinblick auf abzulehnende spiritistische Praktiken): „Nein, den Toten, die leben, begegnen wir, auch wenn es die von uns Geliebten sind, in Glaube, Hoffnung und Liebe, d. h. wenn wir unser Herz der schweigenden Stille Gottes selbst öffnen, in der sie leben; nicht dadurch, daß wir sie zurückrufen dahin, wo wir sind, sondern indem wir in die schweigende Ewigkeit unseres eigenen Herzens hinabsteigen und in der Zeit durch den Glauben an den Auferstandenen *die* Ewigkeit werden lassen, die sie schon für immer ausgezeugt haben."[12] Und dort, in der Tiefe unseres eigenen Herzens, können dann durchaus die Verstorbenen von sich her auch in einer besonders eindrücklichen Weise sich von uns wahrnehmen lassen.

e. *Eine theologische Randbemerkung zu „spiritistischen" Phänomenen*

Ich möchte zum Schluß dieses Abschnitts noch eine ziemlich spekulative und hypothetische Überlegung von seiten der Theologie zu den okkulten Phänomenen in spiritistischen Sitzungen anschließen, bei denen also nicht der Kontext des christlichen Glaubens und der Liebe bestimmend ist. *Angenommen* den Fall, alle psychologischen Erklärungen blieben unbefriedigend und man möchte doch lieber zu einer plausibleren spiritistischen Deutung greifen, dann müßte — gleichsam als theologische Mindestnorm einer spiritistischen Interpretation — folgendes gelten: Es zeigt sich oder meldet sich in solchen Fällen keineswegs das in Gott *vollendete Selbst* eines Verstorbenen; es bleibt — wie

[12] K. Rahner, Das Leben der Toten, in: Schriften zur Theologie IV, Einsiedeln 1967, 437.

Gott selbst — jeder magischen Verfügungsmacht von Menschen enthoben. Höchstens könnte in solchen Fällen ein von diesem Selbst des Toten nicht völlig integriertes, vielleicht sogar im Tod abgespaltenes „Bewußtseinselement" am Werk sein, das nicht in diese Endgültigkeit aufgehoben ist, sondern als ein Relikt seelischer und bewußtseinsmäßiger „Energie" im innerweltlichen Bereich bleibt, zwar nicht in dem der empirisch sichtbaren Körperwelt, wohl aber in dem außernormalen, parapsychologischen, telepathischen Bereich seelischer Wahrnehmungen. Daß es diesen Bereich gibt, steht zweifellos fest, ebenfalls, daß in ihm Kommunikation zwischen Lebenden und auch mit einem gerade Sterbenden möglich ist (vgl. das empirisch unerklärbare Wissen um die Todesstunde weit entfernter, geliebter Menschen). Grundsätzlich denkbar wäre es, daß auch ein nicht-integriertes „Bewußtseinselement" eines Verstorbenen in diese Kommunikation einbezogen werden kann. Denn das Faktum nicht-integrierter „Bewußtseinselemente" ist uns jedenfalls in diesem Leben bekannt. Beispielsweise das Phänomen der Schuld: Ich lasse mich zu einem Tun hinreißen und tue es auch bewußt und willentlich, wobei ich mir im gleichen Augenblick bewußt bin, daß es falsch ist, was ich tue, daß ich es eigentlich gar nicht will und es nicht tun sollte (vgl. Röm 7, 15ff!); oder die Geisteskrankheit der Schizophrenie, oder die Selbstbeobachtung in der Hypnotherapie oder eines klinisch Toten, dessen Selbstbewußtsein aus dem Körper ausgetreten ist, ohne daß deswegen der Körper ohne *jedes* Leben und Bewußtsein (oder besser: Unterbewußtsein) existieren müßte (ähnlich der Fall der Bilokation). Dazu kommt, daß die katholische Fegfeuerlehre heute gerade mit der inneren Pluralität und Desintegration meines Selbst und seiner Grundentscheidung für Gott begründet wird: Erst in der reinigenden Begegnung mit der Liebe Gottes im Tod soll auch das Nicht-Integrierte meines Lebens „aufgearbeitet" und in das grundlegende Ja zu Gott integriert werden. Ob dabei wirklich *alles* Schuldige oder auch Äußerliche, Oberflächliche, Triviale meines Lebens integriert wird oder einiges Nicht-Integrierte, nicht in die Endgültigkeit des Lebens bei Gott „Mitgenommene" in der Sphäre diesseits des Todes bleibt, läßt sich zumindest nicht als völlig absurd und undenkbar ausschließen. Dafür könnte auch die Beobachtung sprechen, daß die „Informationen" in spiritistischen Sitzungen in der Regel ausgesprochen banal, letztlich nichtssagend sind.

Wie dem auch sei, *wenn* man sich schon auf eine spiritistische Deutung okkulter Phänomene einläßt (was ich keineswegs befürworte), dann könnte höchstens eine solche oder ähnliche Erklärung mit dem theologischen Verständnis von Tod und ewigem Leben einigermaßen verträglich sein. K. Rahner hat sich dazu ähnliche Gedanken gemacht: „Immer muß man damit rechnen ..., daß in einem solchen Kontaktsuchen (wo nicht bloß die eigenen Träume objektiviert werden) in einer seltsamen Verschiebung der Gleichzeitigkeit wir nicht *den* Toten, wie sie *jetzt* vor Gott und im endgültigen Kern ihres Wesens sind, begegnen, sondern ihrer noch unerlösten und begrenzten, wirren und dunklen Vergangenheit, die — vielleicht auch noch nicht ganz aufgearbeitet — dann nochmals übersetzt wird in die Kategorialität unserer eigenen Welt."[13]

4. Zum pastoralen Umgang mit okkulten Phänomenen

Ich möchte zum Schluß dieses Kapitels einige Anregungen geben, wie wir in der Pastoral mit solchen Vorgängen umgehen könnten:

[13] Ebd.

a. Nicht dramatisieren

Zunächst einmal ist es klug, solche Dinge nicht unnötig zu *dramatisieren* und gleich das kirchenrechtliche Verbot zu zitieren. Bei vielen Menschen, zumal Jugendlichen, sind doch wohl Neugierde und Sensationslust das entscheidende Motiv. Und beides verfliegt häufig wieder, wenn der Schauder des Außergewöhnlichen abebbt und die Trivialität der „Informationen" solcher Sitzungen allmählich durchschaut wird. Von daher ist es für den Seelsorger auch gar nicht schlecht, wenn er ruhig einmal bei einer solchen Sitzung mitmacht und mit den Leuten dann darüber ins Gespräch kommt. Er sollte sich allerdings vorher gut über die verschiedenen möglichen Interpretationen informiert haben und einigermaßen verständlich die christliche Eschatologie ins Spiel bringen können. Ein ruhiges, sachliches, informatives Gespräch trägt mehr zur „Entzauberung" spiritistischer Praktiken bei als lautes pastorales Verurteilen und Verketzern, das eher kontraproduktiv den Reiz des Verbotenen noch erhöhen dürfte.

b. Nicht verharmlosen

Allerdings darf man umgekehrt die Sache auch nicht einfach *verharmlosen* und laufen lassen. Denn gerade bei Kindern und Jugendlichen, aber auch bei psychisch labilen und gestörten Erwachsenen kann sich die spiritistische Beschäftigung zu einer Droge entwickeln, die sie süchtig und abhängig macht, von der sie also ohne fremde Hilfe nicht mehr loskommen können. Ein harmloser, kindlich-spielerischer Anfang kann sich — wie bei Rauschgift und Alkohol — schnell lebensbedrohend ausweiten, wenn nicht rechtzeitig und vernünftig etwas dagegen unternommen wird. Zwangsneurosen, Angstzustände, Schlaflosigkeit, Selbstmordgedanken u. ä. sind häufig beobachtete Folgen, die zuweilen sogar eine psychiatrische Behandlung erfordern.

So beschreibt N. Ortmanns die einschlägige „Szene" unter Jugendlichen: „Junge Menschen geraten aus Neugier in schwarzmagische Kreise und beteiligen sich an Satansmessen. Später fühlen sie sich schuldig und leiden unter Verfolgungswahn. Ärzte, Psychotherapeuten und Priester kennen die Probleme junger Menschen, die selbstmordgefährdet sind. Der ‚Teufel' befiehlt ihnen, selbst an sich Hand anzulegen. Vielfach enden von schweren psychologischen Störungen Betroffene in geschlossenen psychiatrischen Anstalten.

In diesem Zusammenhang weisen sowohl Harald Baer als auch Peter Müssen auf die Gefahr der ‚Geistersucht' hin. Diplomtheologe Baer: ‚Die Beschäftigung mit diesen Geschichten macht süchtig. Es kommt zu einer Abhängigkeit vom sogenannten Jenseitigen. Der Wunsch, mit irgendwelchen Gestalten von drüben Kontakt aufzusuchen, wird immer stärker.' Baer vergleicht diesen Zustand mit Alkoholsucht. Wenn man einmal einen über den Durst trinkt, mag das nicht so schlimm sein. Was aber, wenn das Trinken zur täglichen Gewohnheit wird?

Peter Müssen hat in seiner Gemeinde bei den Kindern eine ‚totale Irritation erlebt'. ‚Sie haben nichts anderes mehr gemacht als Geister beschworen. Tage- und nächtelang haben sie sich bei geheimnisvollen Ritualen aufgehalten. Der geheimnisvolle Schimmer des Kontaktes mit den Toten wurde zu einer rituellen Sucht, die immer stärker wurde'."[14]

c. *Das seelsorgerliche Gespräch*

Was können wir hier in unserer Pastoral tun? Neben dem aufklärenden Gespräch über solche spiritistischen Praktiken scheint mir hier das eigentlich *seelsorgerliche* Gespräch unbedingt am Platz zu sein. Vielleicht sind viele Christen

[14] N. Ortmanns, Die Geister, die ich rief ... Teil III, in: Kirche und Leben (Kirchenzeitung des Bistums Münster) 35 (1987), 16.

heute vor lauter organisierter, auf die Gemeinde als solcher ausgerichteten Seelsorge mit ihren persönlichen Fragen und Schwierigkeiten doch von uns allein gelassen. Wie viele unserer hauptamtlichen Seelsorger (Laien oder Amtsträger) nehmen sich denn noch Zeit und Muße für die intensive Einzelseelsorge, für das Gespräch zur Lebenshilfe und -begleitung? Dazu bedarf es keineswegs notwendig einer Spezialausbildung in Gesprächsführung, so hilfreich sie gerade bei schwierigeren psychischen Konflikten sein kann. Zeit haben, zuhören können, den persönlichen Ängsten des Gesprächspartners nachspüren, die eigentlichen (psychischen oder sozialen) Ursachen seiner Faszination durch das Okkulte herausfinden, ihm das Gefühl des Verstanden- und Mitgetragenseins vermitteln usw. — das gehört zur Grundausstattung eines ganz „normalen" Seelsorgers. Wenn jemand im kirchlichen Dienst diesen Namen für sich beansprucht, dann kann er sich nicht nur um die theologische Seite der „Seele", also ihr „unsterbliches Leben" kümmern, sondern muß auch ihre innerweltlich-psychologische Realität, ihre Nöte, Ängste und krankhaften Abhängigkeiten von starken Über-Ich-Idealen und zweifelhaften Geborgenheitsspendern usw. kennen und in seine „Sorge" einbeziehen. Sonst treibt er — jedenfalls im heutigen Sprachgebrauch — Etikettenschwindel und provoziert selbst das Abwandern der nach Seel-sorge Suchenden in die Dunkelzone der Scharlatanerie und des Okkultismus. Natürlich muß er sich bei solchen Gesprächen auch klar und bescheiden seiner eigenen Grenzen bewußt bleiben, also z.B. wann er jemanden weiter vermitteln muß in eine therapeutische Behandlung o.ä.[15].

[15] Vgl. dazu den sehr empfehlenswerten Artikel von U. Niemann (s. Anm. 1), der einen guten Einblick in die psychische Disposition solcher Menschen gibt.

d. Jugendarbeit: eine Kultur des Erlebens pflegen

Ich möchte noch eine weitere Anregung geben, die vor allem unsere kirchliche Jugendarbeit betrifft. Nach meiner (fast zwanzigjährigen) Erfahrung in diesem Gebiet dürfte eine wieder neu zu entwickelnde *Kultur des Erlebens* vielleicht ein gutes Hilfsmittel gegen die Anziehungskraft des Okkulten sein. Diskussionen, Informationen, Aktionen, Projekte, Teeabende — alles schön und gut und sinnvoll; aber sie lassen doch oft genug die „Seele" der Kinder und Jugendlichen leer; sie teilen oft auf ihre Weise die Seelenlosigkeit und Geheimnisleere des Alltagslebens der Jugend bei uns. Was die „bündische" Jugendarbeit zu ihrer Zeit und mit ihrem Stil vermochte, hat heute in der gewöhnlichen pfarrlichen Jugendarbeit m. E. kaum eine entsprechende Nachfolge gefunden. Natürlich kann uns nicht eine schlichte (meist politisch und kirchlich reaktionäre) Restauration weiterhelfen. Aber je mehr Phantasie wir wieder auf das Spielerische, Erlebnismäßige, Abenteuerliche verwenden, um so eher könnten wir ein Defizit in der Erfahrungswelt der Kinder und Jugendlichen decken und wenigstens einige von ihnen gegen das Abdriften in die okkulte Szene o. ä. immunisieren. Die sog. „Spielideen", die sich durch eine ganze Ferienfreizeit hindurchziehen, sind da schon ein sehr guter Ansatz, der sich vielleicht noch stärker auf die Alltagsarbeit unserer Jugendgruppen auswirken könnte. Statt einer Überfrachtung mit zu vielen ethischen und pädagogischen Ideen könnte das Raumbieten für zweckfreie Freude am Spielen, Erleben und Unternehmen eine echte Alternative zum sonstigen Lebenskontext junger Menschen heute darstellen. Auf Dauer kann darauf auch viel leichter ein unverkrampftes und unideologisches Engagement der Jugendlichen im Religiösen, Sozialen und Politischen aufbauen, als wenn sie zu früh, zu direkt und zu geballt mit all diesen Themen konfrontiert werden.

e. Offenhalten der Zukunft

Vor einem Punkt sollten wir in unseren Gesprächen mit Anhängern der Okkultszene stets sehr entschieden warnen: Nämlich vor „Geisterbefragungen", die sich auf die Zukunft des eigenen Lebens beziehen (z. B. wie alt man wird oder wie sich eine Freundschaftsbeziehung entwickelt u. ä.). Denn häufig wird dann beobachtet, wie — gerade bei negativen, bedrohlichen Aussagen, wo sich eigene innerste Ängste artikulieren — der Mechanismus der sich selbsterfüllenden Prophezeiung in Kraft tritt; d. h. die Betreffenden geraten in eine Art „Erfüllungszwang", in dem sie ungewollt alles tun, daß die — zumeist aus ihrem eigenen Unbewußten heraus projizierte — Prophezeiung auch wirklich eintritt (daß z. B. eine Partnerschaft in drei Jahren in die Brüche geht oder daß das Geschäft eingeht oder daß man mit soundsoviel Jahren stirbt). Hier gilt im übertragenen Sinn das tiefe Wort von Fr. Schiller aus seinem Gedicht „Der Taucher": „Der Mensch versuche die Götter nicht, und begehre nimmer und nimmer zu schauen, was sie gnädig bedecken mit Nacht und mit Grauen." Das Offenhalten der Zukunft gehört zum Wesen menschlicher Freiheit; wer sich an dieser Offenheit manipulierend vergreift, trifft damit die Freiheit und die Personwürde des Menschen in ihrem innersten Kern. Daß sich daraus dann krankhaft-neurotische „Erfüllungszwänge" im alltäglichen Verhalten ergeben können, ist verständlich.

f. Die „Seele" und das „Jenseits" thematisieren — theoretisch und praktisch

In den letzten zwanzig Jahren sind die klassischen Themen der Eschatologie stark in den Hintergrund unserer Verkündigung getreten, sicher eine verständliche Reaktion auf horrende Mißbräuche in diesem Gebiet. Aber das gegenteilige Extrem rächt sich mit der Zeit eben auch, wie wir heute sehen. Wir können nicht die gesellschaftliche Verdrängung und Tabuisierung des Todes einfach mitmachen, ohne daß damit okkulten Praktiken Tür und Tor geöffnet werden. In einer Verkündigung, die im ganzen „erdgebunden", realistisch und dem Ankommen des Reiches Gottes „mitten unter uns" verpflichtet ist, lassen sich durchaus all jene Themen unverdächtig integrieren, die heute gern von New Age, Esoterik, Okkultismus u.ä. aufgegriffen werden, also z.B. was unser geistiges und seelisches Leben betrifft, was mit „Unsterblichkeit der Seele" eigentlich gemeint ist, welches Los wir für die Verstorbenen erhoffen, was mit den traditionellen Begriffen Gericht, Fegfeuer, Himmel, Hölle bleibend gültig gemeint ist, wie sich unsere Beziehungen zu den Toten christlich gestalten lassen usw. Solche Themen sollten nicht nur gelegentlich, sondern selbstverständlich in Jugendarbeit, Katechese, Bibelkreisen und Predigt behandelt werden, gerade bei den verschiedensten, vom Kirchenjahr und den persönlichen Schicksalen der Menschen her gegebenen Gelegenheiten.

Noch wichtiger als die theoretische Beschäftigung mit diesen Fragen dürfte jedoch die Vermittlung von *Erfahrungen* in diesem Bereich sein: also wieweit wir Menschen in die christliche Meditation praktisch einführen können (pflegen wir sie denn selbst regelmäßig?!); ob wir unsere Gottesdienste in einer meditativen Grundatmosphäre (mit Räumen der Stille) feiern oder einen kultischen Betrieb (meist unter Zeitdruck) abwickeln; ob wir junge und erwachsene Christen (durch regelmäßige Bibelkreise) zum eigenständigen Umgang mit der Hl. Schrift anleiten können; ob wir eine religiöse Kultur des Umgehens mit dem Tod und den Verstorbenen pflegen oder im festen Ritus erstarren usw. Gerade die verbreitete „Seelenlosigkeit" unserer kultischen und anderer Lebensvollzüge in der Gemeinde macht viele Christen unzufrieden und läßt sie Ausschau halten nach Ersatzbefriedigungen ihres seelischen Hungers. Ein Wort von Bischof Franz Kamphaus faßt dieses Defizit unserer Pastoral treffend zusammen: „Bei Saint-Exupéry las ich diesen

Satz: ‚Wenn du ein Schiff bauen willst, so trommle nicht Leute zusammen, um Holz zu beschaffen, Werkzeuge vorzubereiten, Aufgaben zu vergeben und die Arbeit einzuteilen, sondern wecke in ihnen die Sehnsucht nach dem weiten, endlosen Meer.' Sind wir nicht in der Kirche viel zu sehr damit beschäftigt, Werkzeuge vorzubereiten und die Arbeit zu organisieren? Nicht, daß das alles überflüssig sei. Aber wenn das alles ist? Wenn sich unser Tun darin erschöpft? Wenn die Sehnsucht in uns nicht mehr lebendig ist? Was bleibt dann noch? Lassen Sie das Ihre größte Sorge sein, daß die Sehnsucht nach Gott nicht erlischt in Ihrem Leben."[16]

[16] F. Kamphaus, Der Stein kam ins Rollen, Freiburg 1986, 122f.